AF497812

DU
PROBLÈME ONTOLOGIQUE
DES UNIVERSAUX.

MÉMOIRE LU A LA SOCIÉTÉ LITTÉRAIRE DE L'UNIVERSITÉ CATHOLIQUE DE LOUVAIN.

PAR

G. C. UBAGHS,

Chanoine honoraire de la cathédrale de Liége,
Docteur en Théologie,
Professeur de Philosophie et Président du Collége du Saint-Esprit
à la même Université.

LIÉGE,
IMPRIMERIE DE J.-G. LARDINOIS, ÉDITEUR.
Rue Vinave-d'Ile, N° 25-52.
—
LOUVAIN, CHEZ C.-J. FONTEYN, LIBRAIRE.
1845

EXTRAIT DE LA

REVUE CATHOLIQUE, TOME III.

DU PROBLÈME ONTOLOGIQUE

DES UNIVERSAUX.

Nous allons nous occuper dans les pages qui suivent d'une des questions qui, depuis Platon et Aristote (1), ont le plus exercé l'esprit des philosophes, sans avoir jamais reçu une solution définitive, quoiqu'elle ait été résolue de tant de manières différentes; question qui a été l'objet des spéculations de presque tous les philosophes du moyen âge, au point que M. Cousin la regarde, en hyperbolisant toutefois, comme résumant en elle seule toute la philosophie scolastique (2); question, moins grave si on la considère seulement au point de vue de la logique, mais renfermant au point de vue de la métaphysique l'un des problèmes ontologiques les plus importants et les plus profonds que la raison de l'homme puisse soulever. Cette question est celle de l'existence ou de la réalité de l'universel, et à laquelle on donne communément le nom *du problème des universaux*.

Ce mot seul faisait rire les philosophes du 18ᵉ siècle; mais aussi quels étaient ces philosophes! Cependant, si de nos jours on apprécie mieux la gravité de cette question, et si l'on a fait depuis peu les plus grands efforts pour soulever le voile qui la couvre encore, il s'en faut néanmoins de beaucoup que ceux qui s'en occupent y cherchent tous uniquement la vérité, ou qu'ils la cherchent tous de la manière dont on doit la chercher.

En effet, tandis que les uns procèdent dans l'étude de ce problème avec la plus louable bonne foi, et par la seule voie par laquelle on puisse espérer d'arriver soit à une solution quelconque, soit à la connaissance positive de notre impuissance de le résoudre complétement (3); d'autres, afin d'y trouver un moyen d'étayer leurs théories panthéistiques, emploient dans leur recherche des méthodes qui ne sauraient jamais conduire à aucun résultat (4); d'autres encore semblent ne s'occuper de ce problème et des dis-

---

(1) Voir M. Cousin, *ouvrages inédits d'Abélard*, Introduction, p. LXII.
(2) *Ibid.* p. LX.
(3) Buchez, *Essai d'un traité complet de philosophie*, tom. I.
(4) Schelling, Hegel, Krause.

cussions qu'il a fait naître que pour y trouver des objections contre les dogmes de la foi chrétienne, pour essayer de mettre les docteurs catholiques en contradiction avec eux-mêmes et avec leur conscience, en les faisant passer comme défendant, à cause de leur croyance religieuse, des doctrines contraires à leur conviction de philosophes, ou enfin pour lancer des sarcasmes contre les papes et le clergé, à cause de leur conduite relativement à quelques-uns des principaux champions qui ont soutenu les côtés les plus opposés dans la lutte animée que ce sujet a provoquée au moyen âge (1).

Je ne me propose pas de discuter dans toute son étendue cette importante question ; je ne prétends pas non plus en donner une solution complète. Je me bornerai à traiter sommairement les trois points suivants : 1° Quel est précisément l'état de la question concernant la nature des universaux, que l'on a si vivement discutée durant tout le moyen âge, et quel est le sens des principales réponses qu'on lui a données? 2° Quelle voie devrait prendre celui qui voudrait tenter d'en trouver une solution certaine, et à quel point peut-il espérer de réussir dans cette tentative? 3° Quel rapport cette question a-t-elle avec les dogmes de la religion catholique, et à quel titre l'Eglise peut-elle être intéressée et peut-elle intervenir dans sa solution ?

Ire PARTIE.

Le problème ontologique que renferme la question des universaux peut être exprimé en ces termes : Lorsque nous réfléchissons sur l'ensemble des êtres qui composent l'univers, nous remarquons que, malgré les différences qui les distinguent tous les uns des autres, ils ont aussi tous quelque chose de commun, puisqu'on ne saurait se représenter deux êtres, quelque disparates qu'ils soient, qui ne se ressemblent point par l'une ou par l'autre de leurs propriétés. Et, d'après leur plus ou moins de ressemblance, tous les savants divisent les êtres connus en certaines classes ou catégories appelées *genres* et *espèces*. Dès-lors, se demande-t-on naturellement, ce qui est commun aux divers êtres d'une même catégorie, est-ce quelque chose d'identique ou quelque chose de semblable seulement? et par conséquent l'*universel*, ce qui leur est commun, a-t-il une existence réelle et objective, ou n'existe-t-il que dans notre entendement? en d'autres termes : y a-t-il dans tous les individus qui constituent un genre ou une espèce d'êtres quelque chose de positif, de réel, de substantiel et véritablement un, à quoi ils participent tous, ou bien n'ont-ils de commun entre eux que la ressemblance? ou bien encore : n'existe-t-il que des individus? l'universel a-t-il seul une véritable existence? ou les universaux et les individus existent-ils en même temps ?

(1) Entre autres Tennemann, *Histoire de la philosophie*, tom. VIII, et Rousselot, *Etudes sur la philosophie dans le moyen âge*.

Ce problème n'a donné lieu à des discussions sérieuses parmi les scolastiques que vers le milieu du onzième siècle.

Avant cette époque ils se contentaient de regarder les universaux avec Platon comme des idées préexistantes dans l'entendement divin, comme des archetypes d'après lesquels ont été formés tous les êtres corporels, et divisés en genres et espèces ; ou bien ils les considéraient avec Aristote et ses partisans comme des formes créatrices de la réunion desquelles avec la matière ont été faits et se font encore tous les jours les êtres qui composent l'univers (1). Mais depuis lors il a occupé tout le moyen âge, a provoqué les discussions les plus graves, et a reçu tant de solutions diverses qu'il serait fastidieux de les exposer toutes, et que nous devrons nous borner à en faire connaître les principales.

Or, en laissant de côté les philosophes qui n'ont envisagé ce sujet que sous son point de vue logique, et désirant aborder immédiatement ceux qui par la supériorité de leurs talents ont attaché leur nom à la question métaphysique qui se trouve au fond de ce problème, nous rencontrons, à cette première grande époque de la philosophie scolastique, vivant au même temps et se combattant à outrance, trois hommes célèbres dans lesquels sont à juste titre personnifiés les trois systèmes les plus marquants et les plus opposés sur les universaux. Ces hommes sont Roscelin, le représentant du nominalisme, Guillaume de Champeaux, le chef du réalisme, et Abailard auquel on attribue le conceptualisme (2).

Ainsi nous croyons donner une connaissance suffisante des principales opinions philosophiques sur le grand problème, en analysant les théories de ces trois antagonistes, et nous le croyons avec autant plus de fondement que, trois siècles plus tard, à la dernière époque de la philosophie scolastique, nous trouvons toujours les mêmes théories et proposées à peu près sous les mêmes formes.

Voici donc une courte analyse de chacun de ces trois fameux systèmes.

§ I.

Du nominalisme.

Roscelin, le chef des nominalistes (3), breton de naissance, puis clerc ou chanoine de Compiègne, vivait vers la fin du onzième siècle. Il n'existe

(1) Christoph. Meiners, *Commentatio de nominalium ac realium initiis atque propressu.* Ap. *Commentt. soc. reg. scientt. Gottingensis*, vol xii, p. 25.

(2) Les dénominations de nominalistes et de réalistes n'étaient pas encore en usage du temps d'Abailard et de Jean de Salisbury ; mais elles étaient déjà très-usitées vers la fin du douzième siècle, comme il couste d'un fragment d'un certain Godfroid, cité par Lebeuf, *Dissert. sur l'histoire de Paris*, tom. ii, p. 255.

(3) D'après l'auteur anonyme de l'Histoire des Francs, depuis Robert jusqu'à Philippe Ier, cité par De Boulay et Salabert, le premier chef des nominalistes et le maître de Roscelin serait un certain Jean, qui est du reste demeuré inconnu. Voici le passage de l'historien anonyme conservé par De Boulay, *Hist. Univ. Paris.* tom. I,

aucun indice qu'il ait jamais rien écrit. Les seuls monumens contemporains qui nous restent de sa doctrine se composent d'un petit nombre de passages que contiennent les écrits de S. Anselme, d'Abailard, d'Othon de Friesingen, de Jean de Salisbury et d'un anonyme cité par Aventin. Et encore les trois derniers ne nous donnent presque aucun détail sur cette doctrine (1). Voici ce que nous en apprennent S. Anselme et Abailard.

Dans son traité *De fide Trinitatis*, spécialement écrit pour réfuter les erreurs théologiques de Roscelin, S. Anselme s'exprime ainsi sur le système de ce philosophe :

« Ces dialecticiens de notre temps ou plutôt ces raisonneurs hérétiques, pour qui les *substances universelles* ne sont que des mots, et qui ne peuvent concevoir la couleur comme différente du corps, et la sagesse d'un homme comme différente de l'âme (dont elles sont des qualités), doivent être entièrement écartés de toute discussion sur les questions spirituelles. Car la raison, qui doit être le juge suprême de tout ce que l'homme peut savoir, est tellement enveloppée dans leur âme par les images matérielles, qu'elle ne peut s'en dégager ni distinguer d'elles les objets qu'elle doit contempler seule et pure. En effet, celui qui ne conçoit pas comment plusieurs hommes ne sont spécifiquement qu'un seul homme, de quelle manière comprendra-t-il que dans la nature la plus mystérieuse et la plus sublime (dans la nature divine) plusieurs personnes, dont chacune est Dieu, ne soient qu'un seul et unique Dieu? Celui dont l'esprit est trop borné pour saisir la différence

---

p. 443, et par Salabert, *Philosophia Nominalium Vindicata*, Parisiis 1661, p. 15 : « In dialecticâ quoque hi potentes extiterunt sophistæ : *Joannes*, qui eamdem » artem sophisticam vocalem esse disseruit, *Robertus* Parisiacensis, *Roscelinus* Com-» pendiensis, *Arnulphus* Laudunensis. Hi Joannis fuerunt sectatores, qui etiam » plures habuerunt auditores. »

(1) Othon de Friesingen dit seulement : « Roscellinum quemdam, qui primus » nostris temporibus sententiam *vocum* instituit in logica. » Jean de Salisbury dit dans son *Metalogicus :* « Alius ergo consistit in vocibus, licet hæc opinio cum » Roscelino suo fere omnino jam evanuerit. » Et dans son *Polycraticus :* « Fuerunt et » qui voces ipsas genera dicerent et species; sed eorum jam explosa sententia est, et » facile cum auctore suo evanuit. » L'anonyme cité par Aventin, et que Tennemann suppose être vraisemblablement Odo Cambracensis, s'exprime ainsi :

«Quas, Ruccline, doces, non vult dialectica voces;
Jamque dolens de se non vult in vocibus esse ;
Res amat, in rebus cunctis vult esse diebus.
Voce retractetur; res sit, quod voce docetur.
Plorat Aristoteles nugas docendi seniles,
Res sibi subtractas per voces intitulatas.
Porphyriusque gemit, quia res sibi lector ademit.
Qui res abrodit, Ruccline, Boethius odit.
Non argumentis multoque sophismate sentis,
Res existentes in vocibus esse manentes. »

qu'il y a entre un cheval et sa couleur, comment pourra-t-il trouver la différence qui existe entre Dieu et ses relations diverses? Enfin, celui qui ne peut
concevoir que l'homme soit autre chose qu'un individu, ne concevra jamais
l'homme qu'en tant que personne humaine. Car tout individu humain est
une personne. Comment donc celui qui ne conçoit pas cela, concevra-t-il
que le Verbe est devenu homme sans devenir une personne humaine, c'est-
à-dire, qu'il a pris une autre nature (que la sienne, que la nature divine)
mais non pas une autre personne? »

A ces réflexions générales le S. Docteur ajoute : « J'ai dit ceci, afin que
personne n'ait la témérité de discuter les plus hautes questions sur la foi
avant d'être en état de le faire, ou s'il s'y était engagé, afin qu'aucune diffi-
culté ou impossibilité de comprendre ne soit capable d'ébranler la vérité, à
laquelle il adhère par la foi (1). »

Passant ensuite à l'examen direct de l'opinion de Roscelin sur la Trinité,
S. Anselme commence ainsi le 3ᵉ chapitre de son ouvrage : « Celui dont
on rapporte qu'il assure que les trois personnes divines sont comme trois
anges ou comme trois âmes, dit (d'après ce qu'on m'apprend) : les païens
défendent leur loi, les juifs défendent leur loi ; donc nous, chrétiens, nous
devons aussi défendre notre foi. Ecoutons donc comment ce chrétien défend
sa foi. Si, dit-il, les trois personnes divines sont une seule chose, et non
pas trois choses séparées subsistant chacune à part et en soi, comme trois
anges ou comme trois âmes, de manière cependant qu'elles sont entièrement identiques quant à la volonté et à la puissance, il s'ensuit que le Père
et le Saint-Esprit se sont incarnés ensemble avec le Fils (2).» Enfin dans une

(1) Illi utique nostri temporis dialectici (imo dialectice hæretici, qui non nisi flatum
vocis putant esse universales substantias, et qui colorem non aliud queunt intelligere
quam corpus, nec sapientiam hominis aliud quam animam) prorsus a spiritualium
quæstionum disputatione sunt exsufflandi. In eorum quippe animabus ratio, quæ et
princeps et judex omnium debet esse quæ sunt in homine, sic est in imaginationibus
(*aliàs* imaginibus) corporalibus obvoluta, ut ex eis se non possit evolvere, nec ab ipsis
ea, quæ ipsa sola et pura contemplari debet, valeat discernere. Qui enim nondum intelligit, quomodo plures homines in specie sint unus homo, qualiter in illà secretissimà
et altissimà naturà comprehendet, quomodo plures personæ, quarum singula quæque
est perfectus Deus, sint unus Deus? Et cujus mens obscura (*aliàs* obscurata) est ad dis-
cernendum inter equum suum et colorem ejus, qualiter discernet inter unum Deum
et plures relationes ejus? Denique, qui non potest intelligere aliquid esse hominem nisi
individuum, nullatenus intelliget hominem nisi humanam personam. Omnis enim
individuus homo persona est. Quomodo ergo iste intelliget hominem assumptum esse a
Verbo, non personam, id est, aliam naturam, non aliam personam esse assumptam ?
Hæc dixi, ne quis, antequam sit idoneus, altissimas de fide quæstiones præsumat dis-
cutere; aut, si præsumpserit, nulla difficultas aut impossibilitas intelligendi valeat a
veritate, cui per fidem adhæsit, excutere. S. Anselmus, *De fide Trinitatis*, cap. 2.

(2) Dicit, sic audio, ille (*Roscelin*), qui tres personas dicitur asserere esse velut tres
angelos aut tres animas : *Pagani defendunt 'egem suam, Judæi defendunt legem*

lettre à Fulcon, évêque de Beauvais, il ajoute qu'il a appris que « Roscelin dit que les trois personnes en Dieu sont trois choses séparées entre elles, et qu'on pourrait les appeler trois dieux si l'usage le permettait (1). »

Abailard de son côté parle ainsi dans son traité *des divisions et des définitions* : « C'était l'absurde opinion de notre maître Roscelin qu'aucune chose n'est composée de parties, mais que les parties comme les espèces ne sont que des mots. Et si quelqu'un disait que cette chose qui est une maison est composée d'autres choses, à savoir d'un mur, d'un fondement. Roscelin le combattait par ce raisonnement : Si cette chose qui est un mur est une partie de cette chose qui est une maison, puisque la maison elle-même n'est autre chose que le mur, le toit et le fondement, il s'ensuit que le mur est une partie de lui-même et du reste. Mais comment peut-il être une partie de lui-même? En outre, toute partie est naturellement antérieure à son tout. Or comment pourrait-on dire que le mur est antérieur à lui-même et au reste, puisqu'il n'est aucunement antérieur à lui-même (2). »

Dans une lettre d'Abailard à l'évêque de Paris on lit encore sur Roscelin la phrase suivante : « Cet homme aussi faux dialecticien que faux chrétien, qui prétend dans sa dialectique qu'aucune chose n'a des parties, pervertit sans honte les livres saints au point qu'il est forcé de dire que, dans l'endroit où il est dit que le Seigneur a mangé une partie du poisson, il faut entendre par là une partie du mot poisson et non pas une partie de la chose (3). »

suam ; ergo et nos christiani debemus defendere fidem nostram. Audiamus, quomodo iste christianus defendat fidem suam. *Si*, inquit, *tres personæ sunt una tantum res, et non sunt tres res, unaquæque per se separatim, sicut tres angeli aut tres animæ, ita tamen ut voluntate et potentiâ omnino sint idem, ergo Pater et Spiritus Sanctus cum Filio incarnatus est.* S. Anselmus, *De fide Trinitatis*, cap. 3. Le saint Docteur s'exprime de la même manière au 1er chap.

(1) « Roscelinus clericus dicit, in Deo tres personas esse tres res ab invicem separatas... et tres Deos vere posse dici, si usus admitteret » *Epist*. lib. ii, epist. 41.

(2) Fuit autem, memini, magistri nostri Roscellini tam insana sententia, ut nullam rem partibus constare vellet ; sed sicut solis vocibus species ita et partes adscribebat. Si quis autem rem illam, quæ domus est, rebus aliis, pariete scilicet et fundamento, constare diceret, tali ipsum argumentatione impugnabat : Si res illa, quæ est paries, rei illius, quæ domus est, pars sit, cum ipsa domus nihil aliud sit quam ipse paries et tectum et fundamentum, profecto paries sui ipsius et cæterorum pars erit. At vero quomodo sui ipsius pars fuerit? Amplius : omnis pars naturaliter prior est suo toto. Quomodo autem paries prior se et aliis dicetur, cum se nullo modo prior sit? Abælardus, *Dialectica*, part. V, *lib. divisionum et definitionum*, édit. V. Cousin, p. 471.

(3) « Hic sicut pseudo-dialecticus ita et pseudo-christianus, cum in dialecticâ suâ nullam rem partes habere existimat, ita divinam paginam impudenter pervertit, ut eo loco, quo dicitur Dominus partem piscis comedisse, partem hujus vocis, quæ est piscis, non partem rei, intelligere cogatur. »

La manière dont Abailard s'exprime permet de douter si cette interprétation appartient à Roscelin ou si c'est plutôt une conséquence tirée par Abailard pour ridiculiser ce philosophe.

D'après ces différens passages il nous semble que le nominalisme de Roscelin se réduit à ces termes :

Les genres et les espèces ou les universaux ne sont point des réalités,
mais seulement des noms, des mots, *flatus vocis*, exprimant de pures abstractions ; car nous n'avons point d'autre moyen de connaître que les sens ;
et d'après le témoignage des sens il n'existe que des individus. Ainsi un
homme par exemple est un être réel ; mais l'humanité n'est qu'une conception de notre esprit, une abstraction ; les genres et les espèces ne sont que
des êtres fictifs, des êtres logiques, qui hors de là ne sont rien ; en un mot,
l'universel n'est pas, l'individu seul existe. Il en est de même des qualités
des êtres. Les sens nous attestent par exemple qu'il y a des hommes sages,
des corps colorés : mais la sagesse et la couleur n'existent pas, ne sont rien
de réel ; les individus seuls ont une existence réelle et substantielle ; les
qualités indépendamment de leur sujet ne sont que des abstractions. Il faut
en dire autant des parties, qui en tant que parties ne peuvent pas être des
réalités, puisque le tout, l'individu existe seul réellement ; par exemple un
mur est une réalité, un tout, comme objet distinct d'un autre mur ; mais
ce n'est qu'une abstraction en tant que partie d'une maison ; car, la réalité
n'appartenant qu'à l'individu, à la maison, une partie n'est rien de réel par
rapport à ce dont elle fait partie. Donc, en résumé, les genres et les espèces,
les qualités et les parties ne sont que des abstractions, des généralisations
de ce qui est connu par les sens, des fictions logiques, des êtres de raison,
des créations purement internes de notre esprit, sans réalité objective, rien
que des mots, *flatus vocis.*

Ces principes ne souffrent aucune exception ; ils s'appliquent à tout, em-
brassent tout, Dieu et l'univers, les plus sublimes mystères de la foi comme
les êtres animés et inanimés qui peuplent notre terre. Voici comment ils
s'appliquent à la *défense* de la religion : Les universaux et les parties, les
qualités et les relations ne sont rien de réel ; la réalité n'appartient qu'aux
substances individuelles ; donc les relations réelles, qui constituent d'après
la théologie les personnes divines, n'existent pas ; par conséquent, pour ne
pas dire que le Père et le Saint-Esprit se sont incarnés avec le Fils, on doit
admettre que les personnes divines sont des substances, des êtres, des choses
séparées, sans essence, substance ou nature commune, car un pareil universel est impossible ; ou en d'autres termes, il faut dire que ce sont trois
individus, ayant, comme trois âmes ou comme trois anges, chacun une
essence à part, mais ayant une seule volonté et une seule puissance, de
manière que l'on pourrait dire, si l'usage le permettait, que ce sont trois
dieux.

Tel nous paraît être le résumé exact et complet de ce que les auteurs contemporains nous ont conservé de la doctrine de Roscelin. Et d'après cela il
ne doit pas être étonnant que le concile de Soissons, d'autres disent de Com-

piègne, assemblé vers 1093 par l'archevêque de Rheims, a condamné ce système comme hérétique; mais il est surprenant que des écrivains, qui prétendent être philosophes, blâment à cause de cette condamnation le clergé comme si par là il s'était rendu coupable d'un attentat contre les droits de la raison. Mais n'anticipons pas, et commençons l'analyse des plus célèbres systèmes réalistes.

§ II.

Du réalisme.

L'histoire nous présente à la tête du réalisme, outre Guillaume de Champeaux, S. Anselme, archevêque de Cantorbéry (1); c'est pourquoi, avant de parler du professeur de Paris, nous résumerons brièvement le système de l'illustre archevêque.

Quoique S. Anselme ait composé des ouvrages nombreux, variés et profonds, l'on ne connaît cependant le sens précis de son réalisme que de ce qui peut s'inférer par voie de conclusion d'un certain nombre de passages qui se trouvent épars dans ses différents écrits, et spécialement dans son traité *De fide Trinitatis*, d'où nous en avons déjà tiré quelques-uns.

Son opinion, consistant nécessairement à soutenir ce qu'il reproche aux dialecticiens de nier, peut se résumer ainsi :

Il est faux de dire que l'individu seul ait une existence réelle; car outre les individus il existe les espèces, les universaux, qui sont de véritables substances universelles; par exemple, outre les individus humains, il y a l'homme, l'humanité, l'espèce humaine; en effet, les différentes personnes humaines sont à la fois plusieurs hommes, en tant qu'individus, et ne font qu'un, en tant qu'espèce. Il est faux de dire que l'individu seul soit une réalité, car outre les êtres individuels il y a les qualités de ces êtres, qui sont aussi quelque chose de réel, et véritablement différent des individus dans lesquels nous les apercevons; par exemple, la sagesse d'un homme et la couleur d'un cheval sont quelque chose de réel et de réellement différent de l'homme et du cheval auxquels elles appartiennent. Pour juger sainement de la nature des êtres, il ne suffit pas de s'en rapporter au témoignage des sens; le jugement de la vérité appartient à la raison, qui nous apprend à la fois la réalité des individus, des universaux, et des qualités que nous trouvons dans les individus (2).

Le saint docteur suppose dans ses autres écrits toujours le même système, qu'il n'enseigne pourtant ni n'explique jamais directement; mais il le donne partout comme connu et certain; et, appuyé là-dessus comme sur une base incontestée, il s'élève aux plus hautes spéculations philosophico-théolo-

______

(1) Né en 1033 et mort en 1109.

(2) Cff. les passages extraits de S. Anselme, ci-dessus § 1, p. 5 et 6.

giques. Ainsi je dois aux indications d'un savant ami d'avoir rencontré dans un autre ouvrage de S. Anselme toute une série de maximes réalistes entièrement conformes aux précédentes, qui constituent une théorie à peu près complète, qu'il n'énonce pas en termes propres, mais qui ne servent pas moins évidemment de base à sa pensée et de principes à ses raisonnements. C'est dans son livre intitulé : *De conceptu virginali et originali peccato*, spécialement aux chap. 1 et 23, qu'en s'appuyant d'une part sur les données de la révélation et d'autre part sur les principes du réalisme, il explique, de la manière la plus lucide et la plus satisfaisante pour la raison, les dogmes les plus sublimes de notre sainte religion. C'est ainsi qu'il explique en particulier, comment on doit concevoir la nature du péché originel, en quoi il diffère du péché personnel, en quel sens tous les hommes existaient déjà réellement en Adam, comment le péché de notre premier père a passé à tous ses descendants et entaché toute la nature humaine, et pourquoi il n'a cependant pas atteint le Fils de la Vierge. Ce n'est pas ici le lieu d'entrer dans cette explication des vérités théologiques; mais nous devons relever les principes philosophiques qui lui servent de fondement et de point de départ. Ils peuvent se réduire, tels que S. Anselme les suppose et les entend, aux points suivants : Dans chaque individu humain il y a la nature humaine, par laquelle il est homme et laquelle est identiquement la même dans tous les hommes, et il y a en lui la personne, par laquelle il est tel ou tel homme, par exemple Adam ou Abel, et laquelle est différente dans chaque homme et différencie les hommes entre eux. Cette nature universelle qui constitue l'homme, et par laquelle les hommes sont identiques entre eux, n'existe cependant jamais indépendamment ou hors des individus humains ; elle existe individualisée dans tous les hommes vivant à la fois ; lorsqu'il n'existait encore qu'un seul homme, cette nature était toute renfermée dans la personne d'Adam, mais, quoique unie à sa personne et toute contenue dans sa personne, elle n'était cependant pas la même chose que sa personne; car par cette nature il était homme, et par sa personne il était cet homme qui s'appelait Adam. Cette nature s'individualise ensuite dans les autres hommes en se communiquant à eux par la génération. Ainsi la génération ne produit pas une nature non existante, mais elle propage, elle multiplie une nature existante, en produisant de nouveaux individus. Tous les hommes existaient déjà réellement en puissance (*in semine*), non pas comme des possibilités abstraites, mais comme quelque chose de très-réel, dans le premier homme; ils existaient, en lui, non en tant que personnes humaines, mais en tant qu'homme, c'est-à-dire, en tant que nature ou espèce humaine; non pour ce qu'ils ont de différent de lui, mais pour ce qu'ils ont de commun avec lui, ce en quoi ils sont identiques avec lui. Aussi, en se propageant par la génération, cette nature ne commence pas d'être, elle ne se partage pas, elle ne se décompose pas; mais par l'acte de la génération, qui est posé par la volonté de la personne et consommé par la nature, et qui appartient par conséquent à la fois à la nature et à la personne, il se forme dans la nature, il s'y engendre autant de personnes humaines qu'il y a d'individus. Voilà, ce nous semble, le résumé exact de la doctrine de S. Anselme (1). En ajoutant qu'il suppose une nature analogue pour chaque espèce, véritablement espèce d'êtres, on aura une notion complète de la théorie d'un des plus grands métaphysiciens du moyen âge (2).

Passons maintenant au système du réaliste le plus renommé, Guillaume de Champeaux.

Ici de nouveau les écrits du maître nous manquent. Pour connaître son opinion, nous devons recourir à son disciple et son adversaire, Abailard, parce que de tous ses contemporains il est le seul qui en parle avec précision.

Avant la publication des *Ouvrages inédits d'Abélard*, faite en 1836 par M. Cousin, on n'avait qu'un seul passage bien précis sur la doctrine du célèbre réaliste, consigné dans l'*Historia calamitatum;* le *Traité des genres et des espèces*, récemment publié pour la première fois et qui fait partie des ouvrages inédits d'Abélard, contient des renseignements plus complets.

Voici d'abord le célèbre passage de l'*Historia calamitatum* : « Étant retourné vers lui pour apprendre de lui la rhétorique, dit Abailard en parlant de Guillaume, entre autres objets de discussion, je le forçai par des preuves très-fortes à modifier et même à abandonner son ancienne opinion sur les universaux. Cette opinion consistait à prétendre qu'une seule et même

(1) Il serait trop long de transcrire ici ces principes qui se trouvent comme noyés dans l'explication des dogmes révélés ; nous ne pouvons cependant pas omettre le passage suivant : « Equidem negari nequit, infantes in Adam fuisse, cum peccavit : sed in illo causaliter sive materialiter (*alias* naturaliter) velut in semine fuerunt, in se ipsis personaliter sunt ; quia in illo fuerunt ipsum semen, in se singuli sunt diversæ personæ; in illo non alii ab illo, in se alii quam ille. In illo fuerunt ille, in se sunt ipsi; fuerunt igitur in illo, sed non ipsi; quoniam nondum erant ipsi. Forsitan dicet aliquis : istud esse quod alii homines in Adam fuisse dicuntur, quasi nihil et inane quoddam est, nec est nominandum esse. Dicat ergo illud esse fuisse nihil, aut falsum, sive vanum, quo fuit Christus secundum semen in Abraham, in David et in aliis Patribus; et quo omnia, quæ sunt ex semine, fuerunt in seminibus ipsis; et nihil fecisse Deum, cum omnia, quæ procreantur ex semine, ipse fecit prius in seminibus; et dicat nihil vel vanum aliquid esse hoc, quod si vere non esset, hæc, quæ videmus esse, non essent. Si enim verum non est, ea, quæ natura procreat ex seminibus, in illis prius aliquid fuisse, nullo modo ex ipsis essent. Quod si hoc dicere stultissimum est; non falsum vel vanum, sed verum et solidum esse fuit, quo fuerunt omnes alii homines in Adam; nec fecit Deus inane aliquid, cum eos in illo fecit esse; sed sicut dictum est, in illo fuerunt non alii ab illo, et ideo longe aliter quam sunt in se ipsis.» S. Anselmus, *De conc. virg.*, etc., c. 23.

(2) Plus tard nous verrons le grand scolastique Vincent de Beauvais adopter et compléter en quelque sorte cette belle théorie de S. Anselme.

essence, une seule chose essentiellement la même pour tous, est tout entière et simultanément dans chacun des individus à qui elle est commune; de manière que ces individus ne se distinguent pas entre eux dans leur essence, mais ne diffèrent entre eux que par la variété de leurs accidens (1).

Dans le traité des genres et des espèces Abailard fait la description suivante du réalisme de Guillaume de Champeaux, quoiqu'il ne le nomme point : « D'autres, dit-il, s'imaginent certaines essences universelles, qu'ils croient être essentiellement tout entières dans chaque individu. Ils prétendent que l'homme ou l'humanité est une espèce, une chose essentiellement une, à laquelle adviennent certaines formes qui font Socrate. Cette chose, en restant essentiellement la même, reçoit de la même manière d'autres formes qui font Platon et les autres individus de l'espèce homme ; et excepté ces formes qui s'appliquent à cette matière (à cette chose essentiellement une) pour faire Socrate, il n'y a rien en Socrate qui ne soit le même en même temps dans Platon, mais sous les formes de Platon. C'est ainsi qu'ils pensent de toutes les espèces par rapport aux individus et des genres relativement aux espèces (2). »

Ces deux passages qui s'accordent très-bien, et dont l'un sert à expliquer l'autre, nous dessinent assez clairement le réalisme le plus nettement tranché. Ils nous montrent que ce système est tout-à-fait la contre-partie du nominalisme. Tandis que Roscelin soutient que l'universel n'existe pas,

_____

(1) « Tum ego ad eum reversus, ut ab eo rhetoricam audirem , inter cætera disputationum nostrarum conamina antiquam ejus de universalibus sententiam potentissimis argumentationum disputationibus ipsum commutare, imo destruere compuli. Erat autem in eâ sententiâ de communitate universalium, ut eamdem essentialiter rem totam simul singulis suis inesse adstrueret individuis; quorum quidem nulla esset in essentiâ diversitas, sed solâ multitudine accidentium varietas. » C'est cette première opinion de Guillaume que l'on a toujours en vue lorsqu'on parle du système de ce chef du réalisme. Quant à la manière dont il a plus tard modifié sa manière de penser, Abailard ne nous apprend que ces mots : « Sic autem istam suam correxit sententiam, ut deinceps rem eamdem non essentialiter sed individualiter diceret. » Nous pensons que cette phrase obscure, qui a donné lieu à des commentaires nombreux et à des interprétations bien différentes, doit s'entendre d'une modification du système dans le sens d'un rapprochement vers l'opinion que nous croyons avoir été soutenue par Abailard lui-même, savoir que la même essence se trouve dans chaque individu sans s'y trouver tout entière.

(2) « Alii vero quasdam essentias universales fingunt, quas in singulis individuis totas essentialiter esse credunt. Horum... hæc est positio : Homo quædam species est, res una essentialiter , cui adveniunt formæ quædam et efficiunt Socratem. Illam eamdem essentialiter eodem modo informant formæ facientes Platonem et cætera individua hominis. Nec aliquid est in Socrate , præter illas formas informantes illam materiam ad faciendum Socratem, quin illud idem eodem tempore in Platone informatum sit formis Platonis. Et hoc intelligunt de singulis speciebus ad individua et de generibus ad species. » *De generibus et speciebus* , pag. 513.

Guillaume de Champeaux défend que c'est avant tout à l'universel qu'appartient l'existence réelle ; il enseigne qu'il existe pour chaque espèce d'êtres une seule et même essence, une chose, une substance, un sujet, un substratum unique, qui est le fond commun de tous, que par leur participation à ce fond commun tous les individus d'une même espèce sont identiques quant à leur essence, qui est tout entière dans chacun d'eux, qu'ils ne diffèrent les uns des autres que par leurs formes, par leurs accidens, enfin qu'ils constituent ensemble une espèce, un être un et multiple à la fois, puisqu'ils ont tous la même essence, à peu près comme on conçoit que plusieurs membres, plusieurs organes animés d'une même vie constituent un seul corps vivant (1).

On a souvent répété que Guillaume de Champeaux nie l'existence réelle des individus comme Roscelin nie celle des universaux, et que son universel ressemble fort à celui de Jean Scot Erigène et de Spinosa (2). Cependant ces assertions sont toutes les deux fausses. En voici la preuve. D'abord, pour ce qui regarde la première, Abailard lui-même, quoiqu'il exagère beaucoup les conséquences du système de son maître en le combattant, ne lui reproche cependant pas de nier l'existence des individus. Et qui plus est, Guillaume ne dit pas des individus, comme Roscelin des universaux, que ce ne sont que des mots, *flatus vocis*, des abstractions mentales, des êtres chimériques ; il dit seulement que les individus d'une même espèce ne diffèrent pas entre eux par leur essence, qui est numériquement la même pour tous et tout entière dans chacun d'eux, mais qu'ils sont différents par leurs formes, par leurs accidens.

Quant à la seconde opinion, savoir que l'universel de Guillaume ne diffère pas de celui de Scot Erigène et de Spinosa, ou que le réalisme de ce scolastique implique le panthéisme, cette prétention se réfute encore plus aisément. En effet Spinosa, comme Scot Erigène, n'admet qu'un seul universel, une seule essence, une seule substance au fond de tout ce qui est ; Guillaume au contraire reconnaît plusieurs universaux réels, plusieurs essences ou substances ; il en reconnaît autant qu'il y a d'espèces. Ensuite Guillaume ne confond nullement dans sa théorie l'essence infinie de Dieu avec les êtres finis ; et en admettant plusieurs essences même pour les êtres créés, il n'aurait pu adopter l'idée de Spinosa qu'en se mettant en contradiction avec lui-même ; sa théorie n'a donc rien de commun avec le panthéisme, elle y est directement opposée. D'ailleurs l'absence de toute accu-

---

(1) Ou bien comme on doit se représenter le sens de la maxime si souvent répétée : *Anima est tota in toto corpore et tota in qualibet parte.* La manière dont Abailard combat ce système, *De generibus et speciebus*, pag. 514-518, confirme de plus en plus que c'est ainsi qu'il faut entendre l'opinion de Guillaume de Champeaux.

(2) Voir Bayle, *Dict. hist.* art. *Abelard*, rem. C ; Tennemann, tom. VIII, pag. 169, Degerando, tom. IV, pag. 400 ; Rousselot, tom. I, pag. 260.

sation de la part des contemporains, rapprochée de la manière dont on a procédé à cette époque contre Amaury de Chartres et David de Dinant, véritables spinosistes antérieurs à Spinosa, prouve suffisamment que le réalisme de Guillaume ne ressemble en rien au panthéisme.

Au fond Guillaume s'accorde parfaitement avec S. Anselme; il en diffère seulement 1° en ce qu'il appelle essences universelles ce que S. Anselme nomme substances universelles, différence purement nominale; 2° en ce que, s'expliquant sur un point dont S. Anselme ne parle pas, il soutient que, l'essence commune à tous les individus d'une espèce se trouve tout entière dans chacun de ces individus. Et c'est ce point qui se justifie ou plutôt se conçoit le plus difficilement, et qui a exercé spécialement la critique d'Abailard.

Tàchons maintenant de donner une analyse exacte du troisième système sur la nature des universaux, celui d'Abailard.

§ III.

Du conceptualisme.

On a généralement regardé Abailard comme conceptualiste et même comme le chef du conceptualisme qui consiste à dire que les universaux ne sont point des réalités, mais des concepts, des notions de l'entendement. Ce qui signifie que le système d'Abailard ne différerait du nominalisme pur que de nom, et que ce qui pour Roscelin n'était que des mots sans objets, *flatus vocis*, serait pour Abailard des idées sans réalité, de purs êtres de raison, en un mot que le conceptualisme d'Abailard ne serait qu'une forme particulière du nominalisme. Mais, quelque accréditée que soit cette opinion, nous pensons qu'aujourd'hui, que nous possédons l'ouvrage dans lequel Abailard expose son système, elle doit être modifiée.

Il est vrai que le conceptualisme dont nous venons de parler a été soutenu au moyen âge; mais Jean de Salisbury, disciple d'Abailard, ne place son maître et ses disciples ni parmi les nominaux ni parmi ceux qui ne voient dans les universaux que des concepts abstraits de l'entendement; il distingue expressément trois systèmes, en disant : « Les uns font consister les universaux dans les mots, d'autres dans les discours, et d'autres dans les conceptions de l'entendement (1). » Il attribue à Abailard la deuxième de ces opinions. Du reste il n'explique pas clairement en quoi cette opinion con-

(1) « Alius ergo consistit in vocibus, licet hæc opinio cum Roscelino suo fere omnino jam evanuerit; alius sermones intuetur, et ad illos detorquet quidquid alicubi de universalibus meminit scriptum... alius versatur in intellectibus, et eos duntaxat genera dicit esse et species... Est autem, ut aiunt, notio ex ante percepta forma cujusque rei cognitio enodatione indigens; et alibi : notio est quidam intellectus et simplex animi conceptio. Eo ergo deflectitur quidquid scriptum est, ut intellectus aut notio universalium universitatem claudat. » *Metalogicus*, lib. ii, cap. 17.

siste (1). Mais un examen attentif du traité *des genres et des espèces*, où Abailard s'explique lui-même, nous semble démontrer que c'est une théorie mitoyenne ou une espèce de compromis entre le nominalisme et le réalisme, opéré à l'aide d'une foule de subtilités dialectiques. Ceci nous explique comment il est arrivé que, tandis que les uns ne voyaient dans Abailard qu'un pur nominaliste, d'autres le regardaient comme un véritable réaliste.

Cramer est le premier, que je sache, qui ait soutenu qu'Abailard est réaliste (2). M. Rousselot s'est déclaré de nos jours pour la même opinon (3). Mais il nous est impossible de tomber d'accord avec ces écrivains, surtout avec le dernier, sur la portée du réalisme d'Abailard, que M. Rousselot a évidemment exagéré et dont il paraît ne pas avoir partout également bien saisi le sens; dans un endroit il a même pris une objection du célèbre dialecticien pour une réponse (4).

Voici en abrégé ce que nous apprend Abailard lui-même sur le système dont il se donne comme auteur dans son traité *des genres et des espèces*, duquel M. Cousin a dit avec raison, « que ce fragment sera désormais la pièce la plus intéressante du grand procès du nominalisme et du réalisme dans le siècle d'Abailard (5). »

Dans cet écrit Abailard expose et combat d'abord le système de Guillaume de Champeaux; ensuite il expose et combat le système de la non différence, système nominaliste qui n'admet d'autre existence que celle de l'individu, et dans lequel l'espèce et le genre ne sont que le même individu envisagé sous des points de vue différens. En troisième lieu il combat, sans l'expliquer en détail, le système qui prétend que les genres et les espèces ne sont pas des choses, mais seulement des mots. Après cela il expose ainsi sa propre opinion :

« Puisque nous avons réfuté par le raisonnement et par l'autorité les doctrines dont il a été question jusqu'ici, il nous reste à exposer, avec l'aide de Dieu, l'opinion que nous croyons devoir adopter.

»Tout individu est composé de forme et de matière. Socrate a pour matière l'homme et pour forme la socratité. Platon est composé d'une matière semblable, qui est l'homme, et d'une forme différente, qui est la platonité, et ainsi des autres hommes. Et de même que la socratité, qui constitue formellement Socrate, n'est nulle part hors de Socrate, de même cette essence d'homme qui est en Socrate le substrat de la socratité n'est nulle part ailleurs qu'en Socrate, et ainsi des autres individus. J'entends donc par espèce , non

(1) Il dit seulement , *ibid.* : « Rem de re prædicari monstrum ducunt, licet Aristoteles monstruositatis hujus auctor sit , et rem de re sæpissime asserat prædicari. »

(2) *Fünfte Fortsetzung der Bossuetischen Einleitung in die Geschichte der Welt.*

(3) *Etudes sur la philosophie dans le moyen âge* , tom. ii, pag. 49. Cf. Abailard , *De generibus et specicbus* , pag. 538.

(4) *Etudes* , etc. tom. ii, pag. 49.

(5) *Ouvrages inédits d'Abailard* , Introduct. pag. xviii.

pas cette seule essence d'homme qui est en Socrate ou en quelque autre individu, mais toute la collection formée de tous les individus de cette nature. Toute cette collection, quoique essentiellement multiple, les autorités l'appellent une espèce, un universel, une nature, de même qu'un peuple, quoique composé de plusieurs personnes, est appelé un. Ensuite chaque essence particulière de cette collection que l'on appelle humanité est composée de forme et de matière ; la matière est l'animal ; la forme n'est pas une mais plusieurs : c'est la rationalité, la mortalité, la bipédalité, et tous les autres attributs essentiels de l'homme. Et ce que nous avons dit de l'homme, à savoir, que cette portion d'homme qui est le substrat ou le sujet de la socratité n'est pas essentiellement celui de la platonité, cela s'applique également à l'animal. Car cet animal, qui est le substrat de la forme de l'humanité qui est en moi, ne peut être essentiellement ailleurs (1). »

Outre cet exposé, le traité des genres et des espèces contient deux autres passages qui font peut-être mieux connaître l'opinion d'Abailard sur la question qui nous occupe, celui où il fait l'analyse des éléments opposés dont toutes les choses sont composées, et celui où il explique le principe de l'individualisation.

Voici le premier de ces deux passages : « Toutes les choses sont composées de matière et de forme, ainsi l'individu résulte de l'union de l'espèce et de la forme propre, comme l'espèce est constituée par le genre et la forme différentielle ; mais d'où viennent les éléments dont se composent les substances corporelles ? C'est là une question épineuse et à laquelle, que je sache, aucun de nos maîtres n'a répondu convenablement. Voici cependant

(1) Quoniam supradictas sententias rationibus et auctoritatibus confutavimus, quid nobis potius tenendum videatur de his, Deo annuente, amodo ostendemus.

Unumquodque individuum ex materiâ et formâ compositum est, ut Socrates ex homine materiâ, et socratitate formâ ; sic Plato ex simili materiâ, scilicet homine, et formâ diversâ, scilicet platonitate, componitur ; sic et singuli homines. Et sicut socratitas, quæ formaliter constituit Socratem, nusquam est extra Socratem, sic illa hominis essentia, quæ socratitatem sustinet in Socrate, nusquam est nisi in Socrate : ita de singulis. Speciem igitur dico esse non illam essentiam hominis solum, quæ est in Socrate, vel quæ est in aliquo alio individuorum, sed totam illam collectionem ex singulis aliis hujus naturæ conjunctam. Quæ tota collectio, quamvis essentialiter multa sit, ab auctoritatibus tamen una species, unum universale, una natura appellatur ; sicut populus, quamvis ex multis personis collectus sit, unus dicitur. Item unaquæque essentia hujus collectionis, quæ humanitas appellatur, ex materiâ et formâ constat, scilicet ex animali materiâ, formâ autem non unâ, sed pluribus, rationalitate et mortalitate et bipedalitate, et si quæ sunt ei aliæ substantiales. Et sicut de homine dictum est, scilicet quod illud hominis, quod sustinet socratitatem, illud essentialiter non sustinet platonitatem, ita de animali. Nam illud animal, quod formam humanitatis quæ in me est sustinet, illud essentialiter alibi non est. P. Abælardi, *De generibus et speciebus*, pag. 525. La traduction de ce passage est empruntée à M. Cousin, *Ouvrages inédits d'Abélard*. Introduct. pag. clvii.

ce qui me semble le plus vrai. Les physiciens, faisant de la nature des choses l'objet de leurs recherches, s'occupèrent primitivement des objets visibles qui tombaient sous leurs sens. Mais comme ils ne pouvaient connaître la nature de ces composés sans connaître les propriétés des composans, ils divisèrent ceux-ci jusqu'à ce qu'ils fussent parvenus jusqu'à la partie la plus petite qu'il fût possible de concevoir et qui ne fut plus divisible en parties intégrantes. Le terme de la division des parties intégrantes une fois atteint, ils se mirent à chercher si un pareil petit être était composé de forme et de matière, ou s'il était entièrement simple. Le raisonnement trouva que c'était un corps chaud ou froid ou de toute autre forme; car c'est là, je pense, ce que Platon a nommé les éléments purs. Laissant donc la forme, il se demanda si la matière du moins était simple. Il trouva que c'était un corps, et par conséquent qu'elle était constituée par la corporéité et par la substance. Et la substance il la trouva encore constituée par une forme, la faculté de recevoir les contraires, et par une matière, l'essence pure. En considérant cette matière (l'essence pure) de tous côtés, on la trouva entièrement simple et non plus constituée par une forme et une matière. Cette essence, avec tous les autres substrats des formes sensibles, on l'appela *universel*, c'est-à-dire, sans forme, non qu'elle ne soit le substrat des formes, mais parce qu'elle n'est pas constituée par des formes (1). »

Le principe de l'individualisation se réduit d'après Abailard à ceci : Ce qu'il y a de primitif, c'est l'*universel*, *l'informe*, *l'essence pure*, qui se trouve partout, dans le genre et dans l'espèce comme dans l'individu. A cette por-

---

(1) Cum quælibet res sufficienter ex materiâ et formâ constituatur, sicut quodlibet individuum substantiæ ex specialissimâ specie et formâ propriâ, species vero ex genere et formâ differentiâ, unde procedant elementa, de quibus constant corporales substantiæ.... Dura est hæc provincia, nec ab ullo magistrorum nostrorum antehac, ut intellexi, dissoluta rationabiliter. Tamen, quod mihi verius videtur, hoc est. Physici, rerum naturas investigantes, visibiles res, quas subjectas sensibus habebant, primitus inquisierunt. Eorum vero naturam utpote integraliter compositorum non cognoscere poterant plane, nisi ipsorum componentium proprietatem cognovissent. Institerunt ergo ipsas partes componentes subdividendo, usque dum ad illam partem minutissimam intellectu venirent, quæ in partes integrales dividi non poterat. Integralium vero partium deficiente divisione, investigare cœperunt, an talis essentiola ex materiâ constaret et formâ, an omnino simplex esset. Invenit itaque ratio illa corpus esse calidum vel frigidum vel alterius formæ. Hujusmodi enim puto a Platone appellata esse pura elementa. Relictâ itaque formâ, consideravit materiam, an et illa simplex esset. Invenit eam corpus, et ita constare ex corporeitate et substantiâ. Relictâ itaque formâ, consideravit materiam, sed et ipsam invenit constare ex susceptibilitate contrariorum, formâ, materiâ autem, merâ essentiâ. Quam item materiam undique speculantes, simpliciter omnino invenerunt, nec omnino ex aliquâ materiâ vel formâ constantem. Hanc itaque meram essentiam, cum aliis quæ essentialiter rerum sensibilium formas sustinebant, *universale* appellavit, id est informe, non scilicet quod formas non sustinet, sed quod ex formis non constaret. P. Abælardus, *De generibus et speciebus*, pag. 537 et 538.

tion de l'essence pure s'adjoignent d'abord des formes génériques pour constituer les genres, aux genres s'unissent des formes spécifiques pour constituer les especes, enfin aux espèces adviennent des formes individuelles pour constituer les individus. « Si vous voulez savoir, dit-il, comment se fait la constitution des choses corporelles, faites attention.... Prenons pour exemple Socrate, afin que ce que le raisonnement nous fera découvrir en lui, nous n'hésitions pas à l'appliquer à d'autres. Il y a donc dans Socrate une certaine portion de l'essence pure qu'on nomme l'universel, qui n'est qu'essence, quoique composé de parties. Cet universel n'est pas une substance, mais la susceptibilité (l'aptitude à être le sujet) des contraires, lesquels lui donnant des formes, il en résulte une essence de substance. Mais la susceptibilité des contraires qui advient à toute l'essence, advient aussi à chacune de ses parties. Aussi cette portion de l'essence pure qui est en Socrate, est constituée de la susceptibilité des contraires et de la corporéité, et de là résulte une certaine essence de corps. Mais dès l'instant où le tout est affecté de la corporéité, toutes les différentes parties de ce tout sont affectées de corporéités particulières, et forment des essences corporelles. L'animation advient à ce tout de la même manière, et constitue une essence de corps animé. Mais l'animation n'advient pas pour cela à toutes les parties de ce tout, mais bien son contraire, l'inanimation ; car, tandis que le tout est animé, ses parties sont inanimées. De même advient au tout la sensibilité, qui constitue une essence d'animal, et aux parties d'autres formes qui constituent des essences dont les noms ne me viennent pas maintenant à l'esprit. De même encore advient au tout la faculté d'apprendre, qui constituent l'homme, et aux différentes parties d'autres formes, qui font d'autres essences animées. Enfin la socratité donne sa forme à toute cette essence d'humanité, et il en résulte Socrate (1). »

(1) « Ut igitur clare appareat, qualiter in corporalium rerum constitutione suboriantur elementa, quamvis omnia ex generali et speciali constent materià vel formâ, sic attendes.... Ponamus ergo Socratem nobis in exemplum, ut, quod in eo ratio inveniet, in aliis quoque idem esse non dubitet. Est igitur in Socrate quædam pars meræ essentiæ, quæ universale appellatur, quæ integraliter ex essentià constat, quæ in se quoque partes habet ; sed hoc non est substantia, sed susceptibilitas contrariorum; eam informant, et ex his constituitur quædam essentia substantiæ. Hoc autem sciendum, quod, sicut illi toto advenit susceptibilitas contrariorum, ita singulis particulis illius essentiæ; sed et illud constitutum ex merà essentià, quæ in Socrate est, et susceptibilitate contrariorum et corporcitate efficitur, et ex his quædam essentia corporis efficitur. Sed quam statim corporcitas illud totum afficit, tam statim suæ corporcitates singulas illius totius particulas afficiunt, et faciunt corporeas essentias. Ita illi toti advenit animatio et facit quamdam essentiam animati corporis. Sed non jam aliquibus partibus illius totius advenit animatio, sed contrariorum illius, inanimatio; cum enim totum animatum sit, singulæ particulæ illius inanimatæ sunt. Item toti advenit sensibilitas, et facit essentiam quamdam animalis, partibus vero ejus

Si nous réduisons maintenant ces différents passages à leur plus simple expression, nous pensons que l'opinion d'Abailard sur les universaux peut se résumer ainsi : Roscelin n'avait voulu admettre que l'existence des individus; mais les universaux sont cependant aussi quelque chose, puisqu'ils concourent à la constitution de toutes les choses corporelles. D'un autre côté De Champeaux avait prétendu que les universaux sont des substances qui se trouvent tout entières dans chacun de leurs individus, mais, suivant Abailard, il s'est trompé doublement ; car d'abord quoique l'universel entre dans la constitution de toute substance, au moins de toute substance corporelle, il n'est pas lui-même une substance; il n'est qu'une pure essence, sans forme, mais substrat de toutes les formes. Ensuite l'universel n'est pas tout entier dans chaque individu, mais seulement en partie; et ce qui est vrai de l'universel sans forme, est également vrai de tous les universaux : « Lorsque nous voyons, dit-il, une masse de fer dont on doit fabriquer un couteau et un stylet, nous disons : ceci sera la matière d'un couteau et d'un stylet, quoique la masse ne doive pas prendre *tout entière* chaque forme, mais une partie celle d'un stylet et l'autre celle d'un couteau.... c'est ainsi que, tout en accordant que l'humanité est en Socrate, je n'accorde pas qu'elle soit épuisée en Socrate ; il n'y a qu'une partie qui prenne la forme de la socratité (1). »

Tel nous paraît être le sens exact du système d'Abailard, où l'on ne peut méconnaître l'élément réaliste à côté de l'élément nominaliste qui domine. Mais, quelle que soit la part qu'Abailard a voulu accorder dans sa théorie au réalisme, il nous est impossible d'y voir le panthéisme, que M. Rousselot croit y découvrir (2), et que Caramuel après Vasquez a reproché à ce scolastique (3).

Si, ce qui n'est nullement prouvé pourtant, Abailard s'est rendu suspect de cette erreur par des assertions téméraires avancées dans d'autres spéculations, sa théorie sur le problème des universaux n'autorise pas cette grave inculpation. En effet, Abailard admet expressément la création avec

aliæ formæ, quæ faciunt aliquas essentias specierum in animatis, quarum nomina in promptu non habeo. Item toti advenit perceptibilitas disciplinæ, et facit hominem; singulis vero particulis adveniunt formæ quædam, et faciunt alias essentias in animatis. Tandem Socratitas totam illam essentiam humanitatis informat, et Socratem facit. » P. Abælardus, *De generibus et speciebus*, page 539 et 540. Comparer la traduction de M. Cousin, *Ouvrages inédits* d'Abailard, *Introd.* page clxxvi.

(1) Massam aliquam ferream, de qua faciendi sunt cultellus et stylus, videntes, dicimus : hoc futurum materia cultelli et styli, cum tamen nunquam tota suscipiat formam alterutrius, sed pars styli, pars cultelli... Inhærere autem dico humanitatem Socrati, non quod tota consummatur in Socrate, sed una tantum ejus pars Socratitate informatur. *De generibus et speciebus*, pag. 526.

(2) *Etudes sur la philosophie dans le moyen-âge*, tome ii, p. 1-109.

(3) *Ibid.*, pag. 53 et 54.

toutes ses conséquences (1). Avec Jean de Salisbury (2) et tous les scolastiques il ne veut point d'universaux qui seraient indépendans du Créateur (3). Il n'embrasse pas dans sa théorie tous les êtres sans distinction, et par conséquent il n'y confond pas le fini et l'infini; il ne l'applique pas à Dieu; il ne l'étend pas même jusqu'aux esprits, jusqu'à l'âme (4). Enfin son universel est loin de l'être universel des panthéistes, de la substance unique, puisqu'il en reconnaît plusieurs, et qu'il n'ose pas même donner le nom de substance à ce qui à ses yeux est le plus universel dans les individus. Car tantôt il dit positivement que ce n'est pas une substance, que ce n'est qu'une pure essence (5), et qu'à la question de savoir en quoi il consiste, il faut répondre tout simplement qu'il est (6); tantôt il hésite, et il n'ose pas affirmer s'il le regarde comme une véritable substance ou non (7).

(1) *De generibus et speciebus*, page 517.

(2) « Valeant, s'écrie celui-ci, valeant, imo dispereant universalia, si Deo obnoxia non sunt. » *Metalog.* p. 827.

(3) *De generibus et speciebus*, p. 517.

(4) *Ibid.* page 538. Immédiatement après le passage cité ci-dessus page 16, se faisant l'objection qu'il s'ensuivrait que l'universel entre aussi dans la constitution de l'âme, Abailard répond qu'une telle objection ne peut lui être sérieusement adressée que par ceux qui ne le comprennent pas; puisque, d'après lui, l'universel n'est pas toute cette collection de toutes les essences qui, ayant reçu les formes des contraires, se divisent en corps et en esprit, mais seulement ce qui dans cette multitude est le substrat de la corporéité, ce en quoi l'essence n'a rien de commun avec les esprits. « Sed dices : constabat itaque anima ex universali. Si enim materialiter constat ex substantiâ, quæ materialiter constaret ex merâ essentiâ, quæ universale appellatur, ex universali constare necesse est.... Qui sic opponit, non intellexit quod dixeram. Neque enim universale appellata est tota illa collectio essentiarum omnium, quæ, susceptibilitate contrariorum informata, partim distribuitur in corpus partim in spiritum, sed illud tantum de illâ multitudine, quod susceptibilitate contrariorum informante essentialiter sustinet corporeitatem; in quo essentia non communicat spiritus. » Sous ce rapport Abailard reste donc beaucoup en arrière de S. Anselme. C'est que la manière grossière et matérielle, dont il concevait la décomposition de l'universel (voir la note 1 de la page 18) ne lui permettait pas de s'élever à la hauteur où s'était élevé le saint docteur.

(5) « Est igitur in Socrate pars meræ essentiæ quæ universale appellatur, quæ integraliter ex essentiâ constat, quæ in se quoque partes habet; sed hæc non est substantia. » *De gen. et spec.* p. 539.

(6) « Possumus etiam dicere, quia illa mera essentia, ad interrogationem factam *per quid*, convenienter non respondetur. Neque id respondere debemus interroganti, quod ille qui rogat se scire demonstrat. Cum enim interrogatur de aliquo *quid est*, certum se demonstrat qui quærit quod sit; præterit enim priorem quæstionem quæ est : *an sit*. Si ergo quæritur quid est substantia, respondemus : *est.* » *Ibid.* p. 546.

(7) « Opponitur : Illa essentia hominis quæ in me est, aliquid est aut nihil; si aliquid est, aut substantia aut accidens; si substantia, aut prima aut secunda; si prima, individuum est; si secunda, aut genus aut species. Respondemus, tali essentiæ nullum nomen esse datum... itaque nec aliquid nec substantia potest appellari proprie. Quod si absurdum videatur, concedimus aliquid vel substantiam esse. » *Ibid.* p. 534.

De ce qu'il affirme ici, que ce qu'on peut dire de mieux de l'universel, essence pure, *c'est qu'il est*, (1) M. Rousselot conclut à tort qu'Abailard regarde l'universel comme l'être par excellence, Dieu (2); les scolastiques savaient trop bien la différence entre être en général, être d'une manière quelconque, et entre être par excellence, être parfaitement, être d'une manière absolue, pour confondre comme M. Rousselot des idées et des choses aussi diverses.

Ce que nous trouvons le plus répréhensible dans le conceptualisme d'Abailard, c'est qu'il s'embarrasse et se perd dans des subtilités et des distinctions purement dialectiques, qu'il est incomplet, et qu'il n'est appuyé sur aucune preuve réelle, ou propre à garantir la vérité objective.

Voilà donc ces trois fameux systèmes sur le problème ontologique qui ont causé tant de bruit dans les écoles, et qui ont été pendant une longue suite de siècles le point de division de presque tous les philosophes, en rangeant les penseurs les plus profonds sous leurs bannières différentes.

§ IV.

Suite des trois systèmes exposés.

Si nous jetons maintenant un coup-d'œil sur l'histoire de ces systèmes et sur l'influence qu'ils ont exercée dans les écoles, nous remarquons d'abord que le nominalisme a toujours été considéré comme une nouveauté sans antécédent, et que, suivant l'expression de Jean de Salisbury, il avait presque entièrement disparu avec son auteur (3). Quoi qu'il en soit de la rigoureuse exactitude de cette assertion, il est du moins vrai que, si tous les scolastiques ne professaient pas expressément le réalisme pur, pas même tous ceux qui sont ordinairement mis au nombre des réalistes, le nominalisme était tombé, à peu près depuis sa première apparition, dans un tel discrédit, principalement à cause des erreurs en religion qu'il avait enfantées, que jusqu'au commencement du XIVe siècle, où Guillaume Occam lui donna comme une nouvelle vie, on ne peut citer un seul homme distingué qui ait été compté par ses contemporains parmi les nominaux.

D'un autre côté Abailard se vante d'avoir forcé son maître Guillaume de Champeaux à renoncer au réalisme; mais de là il ne suit point que le réalisme proprement dit n'ait plus eu de défenseur. Sans doute Abailard a eu beaucoup d'admirateurs et beaucoup de partisans, et son réalisme mitigé ou plutôt dialectique se retrouve au fond de la pensée d'un grand nombre de philosophes venus après lui, même parmi ceux qui sont généralement regardés comme réalistes. Cependant le système qui eut toujours le plus de

(1) Ahailard, loco cit. p. 546; Rousselot, *Etudes*, etc. t. 2, p. 51-53.
(2) Rousselot, ibid. p. 47 et 53.
(3) Voir ci-dessus, pag. 4, note.

vogue dans les écoles du moyen-âge et auquel s'attachent les noms des philosophes les plus célèbres, ce fut sans contredit le réalisme.

Il est vrai, tous les réalistes ne concevaient pas l'universel de la même manière; il y en eut même dans lesquels il serait difficile de trouver autre chose qu'un réalisme purement nominal. Jean de Salisbury compte jusqu'à six opinions différentes parmi ses contemporains qui admettaient la réalité des universaux. » Les uns, dit-il, soutiennent que tout universel est numériquement un ou qu'il n'est rien; mais puisqu'il ne peut exister d'êtres substantiels sans sujets réellement existants, ils concluent que l'essence des êtres résulte de la réunion de l'universel et de l'individuel. A la suite de Gautier de Mauritanie ils distinguent dans un homme l'individu, l'espèce, le genre inférieur et le genre supérieur. Cette opinion a eu quelques partisans, mais depuis longtemps personne ne la professe. Les autres, à l'exemple de Platon et de Bernard de Chartres, ne reconnaissent d'autres universaux que les idées, et prétendent qu'en elles seules consistent les genres et les espèces, qu'elles seules sont stables et permanentes. D'autres avec Gilbert de Poitiers s'attachant à Aristote attribuent l'universalité aux formes natives, et s'évertuent à établir leur conformité. Ils entendent par formes natives des portraits, des copies, non les types des choses qui sont dans l'entendement divin, mais ceux qui se trouvent dans les choses créées, comme des copies du modèle primitif, lesquelles sont individuelles dans chaque être et universelle dans tous. Il y en a d'autres qui avec Gauslen évêque de Soissons accordent l'universalité à la collection de toutes les choses réunies en un tout et la refusent aux individus. On en trouve aussi qui recourent à un langage nouveau et appellent les universaux soit la matière soit les modes des choses. Enfin il en est qui donnent le nom de genres et d'espèces aux *états* des choses (1). »

(1) Eorum, qui rebus inhærent, multæ sunt et diversæ opiniones. Siquidem *a*) hic, ideo quod omne quod unum est, numero est, aut rem universalem, aut unam numero esse, aut omnino non esse concludit. Sed quia impossibile substantialia non esse, existentibus his omnino quorum sunt substantialia, denuo colligunt, universalia singularibus, quod ad essentiam, unienda. Partiuntur itaque status duce Gautero de Mauritania, et Platonem, in eo quod Plato est, dicunt individuum; in eo quod homo, speciem; in eo quod animal, genus, sed subalternum; in eo quod substantia, generalissimum. Habuit hæc opinio aliquos assertores, sed pridem hanc nullus profitetur. *b*) Ille ideas ponit, Platonem æmulatus et imitans Bernardum Carnotensem, et nihil præter eas genus dicit esse vel speciem. Est autem idea, sicut Seneca definit, eorum quæ natura fiunt exemplar æternum... Ilæ autem ideæ, id est, exemplares formæ, rerum primævæ omnium rationes sunt, quæ nec diminutionem suscipiunt nec augmentum, stabiles et perpetuæ; ut, etsi mundus totus corporalis pereat, nequeant interire... *c*) Alius, ut Aristotelem exprimat, cum Gilberto episcopo Pictavensi universalitatem formis nativis attribuit, et in earum conformitate laborat. Est autem forma nativa, originalis exemplum, et quæ non in mente Dei consistit, sed rebus creatis inhæret. Hæc græco eloquio dicitur εἶδος, habens se ad ideam ut exemplum ad

On voit par ce récit quelle doit avoir été l'influence d'Abailard sur ses contemporains, puisque de tous les systèmes réalistes cités ici par son disciple, celui qui contient le réalisme le mieux caractérisé et se rapprochant de celui de S. Anselme et de Guillaume de Champeaux n'est plus professé par personne.

Toutefois on aurait tort de conclure de là que la conception de ces deux hommes célèbres fut abandonnée. En effet l'on trouve entre autres, vers le milieu du XIIIᵉ siècle, un des philosophes les plus distingués, qui à cause de ses nombreux travaux a été à juste titre appelé l'encyclopédiste du moyen âge, soutenir et expliquer avec une clarté et une précision très-remarquable un système réaliste complètement identique à celui de ces deux chefs de l'école. Voici un résumé textuel de l'opinion de Vincent de Beauvais :

« Les universaux, dit-il, existent non seulement dans notre entendement, mais aussi en réalité; car tous les individus humains ont une même nature, qui est commune à tous et à laquelle ils participent tous. C'est par leur participation à cette nature qu'ils s'appellent hommes, et la nature à laquelle ils participent est l'universel qui constitue leur ressemblance spécifique. Cette nature peut se concevoir mentalement comme séparée des individus, mais non pas exister réellement hors d'eux. En effet de même qu'on peut concevoir une ligne abstraction faite de toute matière, bien qu'elle ne puisse avoir une existence réelle que dans la matière, de même on peut concevoir l'universel en faisant abstraction de toute individualité, quoiqu'il n'existe pas sans les individus ni hors les individus. Quant à son origine, l'universel devient existant par la génération. Cependant l'universel n'est pas engendré principalement mais conséquemment, c'est l'individu qui est directement engendré. Mais lorsqu'un individu humain est engendré, la génération de l'homme en est une conséquence. Pour ce qui regarde enfin la question de savoir si l'universel, homme, est dans chaque individu humain tout entier ou seulement en partie, il faut dire qu'il y est tout entier, c'est-à-dire quant à tout ce qui fait partie de la définition de l'homme, puisqu'il est simple, sans composition et sans occuper une place, sinon accidentellement, à savoir dans l'individu en qui il réside; mais il n'est pas dans chaque individu quant

exemplar; sensibilis quidem in re sensibili, sed mente concipitur insensibilis; singularis quoque in singulis, sed in omnibus universalis. *d*) Est et alius, qui cum Gausleno Suesionensi episcopo universalitatem rebus in unum collectis attribuit, et singulis eamdem demit... *e*) Est aliquis qui confugiat ad subsidium novæ linguæ, quia latinæ peritiam non habet; nunc enim, cum genus audit vel species, resquidem dicit intelligendas universales, nunc rerum *materiem* (alias *maneriem*) interpretatur. Hoc autem nomen in quo auctorum invenerit vel hanc distinctionem, incertum habeo... *f*) Nec deest qui rerum status attendat, et eos genera dicit esse et species. ‣ Joan. Sarebberiensis, *Metalogicus*, lib. 2, c. 17.

à toutes ses parties subjectives, chaque individu n'étant pas le seul sujet où il se trouve (1). »

Ce réalisme si franc, si positif n'est pas une opinion individuelle du grand scolastique qui l'expose ni un écho solitaire de S. Anselme; car, lorsqu'au siècle suivant Occam entreprend de ressusciter le nominalisme, il nous donne de l'opinion qu'il attaque comme l'opinion dominante une description qui montre évidemment son identité avec celle que nous venons de résumer, avec cette différence qu'au lieu de trouver dans chaque individu un seul universel, comme chez S. Anselme et Vincent de Beauvais, nous y en trouvons plusieurs.

Voici cette description d'Occam. A la demande si l'universel est une chose véritable existant hors de la pensée, intrinsèque aux êtres auxquels elle est commune, et réellement distincte d'eux, il répond qu'il y a une opinion que tout universel, qu'on doit entendre dans un sens univoque et non comme une simple analogie, est une chose qui existe réellement indépendamment de notre pensée dans chaque individu, appartenant à l'essence de l'individu et réellement distincte non-seulement de chaque individu mais aussi de tous les autres universaux. Par exemple l'universel homme est une chose véritable en dehors de la pensée, existant réellement dans chaque individu humain, et réellement distincte aussi bien de l'individu humain que de l'universel animal et de l'universel substance; et il en est de même de toutes les espèces et de tous les genres soit inférieurs soit supérieurs. Et ainsi, suivant cette opinion, autant qu'il y a d'universaux qui peuvent s'énoncer comme des attributs essentiels et primitifs d'un être individuel quelconque, autant il y a de chose réellement distinctes, qui se distinguent toutes réellement les unes des autres, ainsi que de l'être individuel dans lequel elles existent. Et toutes ces choses qui se trouvent dans chacun des individus

---

(1) « Universalia non solum in intellectu sunt, sed et in re. Nam homines individua quamdam inter se naturam communem participant, quæ est humanitas, per quam unumquodque dicitur homo, et illa a quolibet eorum participata dicitur universale, et est similitudo specialis ipsorum. Ab ipso tamen intellectu accipitur præter individua. Sicut enim linea quævis non possit esse præter materiam, non tamen falsus est intellectus qui capit eam sine materia, quia non intelligit eam separari a materia, sed intelligit eam non habito respectu ad materiam, et bene hoc potest; sic et universale, licet absque singularibus vel præter singularia non sit, potest tamen intelligi non habito respectu ad ea..... Ad aliud dicendum, quod universale egreditur in esse per generationem, non tamen primo, sed ex consequenti, quia generato forte (l'*individu*) generatur ex consequenti homo..... Si vero quæritur, utrum hoc universale homo sit in quolibet homine secundum se totum an secundum partem, dicendum est, quod secundum se totum, id est, secundum quamlibet sui partem diffinitivam, quia simplex est, nec a loco capitur, nisi per accidem, id est, in suo singulari; non autem secundum quamlibet sui partem subjectivam est in quolibet homine. » Vincentius Bellovacensis, *Speculum doctrinale*, lib. 3, cap. 9 et 11.

d'une même espèce ne se multiplient nullement en elles-mêmes, quelle que soit la multiplication de ces individus (1). »

L'opinion que nous venons de rapporter, et que Tennemann appelle l'opinion commune à l'époque où Occam a commencé sa réforme philosophique (2), est attribuée d'après Occam (3) par quelques-uns à Duns Scot (4). Et en effet ces nombreux universaux qui existent réellement tous à la fois dans chaque individu en quoi diffèrent-ils des formes substantielles des Scotistes, que nous avons déjà rencontrées dans Abailard (5) et, sauf la dénomination, dans la première des six opinions rapportées ci-dessus par Jean de Salisbury (6)?

Du reste voici en quels termes le réalisme si positif du *Docteur subtil* est résumé par Degerando (7) : « Duns Scot, dit-il, définissait la forme : « ce » par quoi la chose est déterminée à un certain mode d'être. » Il distinguait la forme extrinsèque et intrinsèque, subsistante et informante, naturelle et artificielle, substantielle et accidentelle, séparable de la matière et inséparable. Il distinguait encore la forme qui ne donne aux choses que l'être ou l'existence, celle qui leur donne l'être et la vie végétative, celle qui leur donne l'être, la vie végétative et la vie sensitive, celle enfin qui leur donne en outre l'intelligence. La forme substantielle obtenait le premier rang dans ce système ; Scot l'appelait *l'acte premier*, simple, formel, substantiel, constituant par soi et avec la matière. « On ne peut contester, disait-il, l'exis- » tence d'une forme semblable ; car, tous les philosophes admettant la ma- » tière et la forme comme les principes substantiels des choses réelles, on » ne peut pas plus refuser la réalité à la première qu'à la seconde ; autre-

(1) Utrum illud, quod immediate et proxime denominatur ab intentione universalis et univoci, sit aliqua vera res extra animam, intrinseca et essentialis illis, quibus est communis, et univoca distincta realiter ab illis. Ad istam quæstionem est una opinio, quod quodlibet universale univocum est quædam res existens extra animam realiter in quolibet singulari, et de essentiâ cujuslibet singularis, distincta realiter a quolibet singulari et a quolibet alio universali ; ita quod homo universalis est una vera res extra animam existens realiter in quolibet homine, et distinguitur realiter a quolibet homine et ab animali universali et a substantiâ universali, et sic de omnibus generibus et speciebus sive subalternis sive non subalternis. Et ita secundum istam opinionem, quot sunt universalia prædicabilia in quid per se primo modo de aliquo singulari per se in genere, tot sunt in eo res realiter distinctæ, quarum quælibet realiter distinguitur ab aliâ et ab illo singulari ; et omnes istæ res in se nullo modo multiplicantur, quantumcunque singularia multiplicentur, quæ sunt in quolibet individuo ejusdem speciei. Occamus, *In lib. I Sentent.* dist. II, q. 4.

(2) Tennemann, *Geschichte der Philosophie*, tom. VIII, pag. 846.

(3) Voir Tennemann, *ibid.* pag. 852, not.

(4) Lib. I Sent. dist. 2, 9. 4 et 5.

(5) Voir ci-dessus pag. 15 et 16.

(6) Ci-dessus pag. 21.

(7) Hist. comparée des systèmes de philosophie, t. 4, p. 575, Paris, 1823.

»ment il n'y aurait, par exemple, aucune différence substantielle entre
»l'homme et la brute, puisque la même matière est commune à tous les
»corps. »…. Il s'attachait à prouver que plusieurs formes substantielles
peuvent exister dans une seule et même matière, que dans l'homme, par
exemple, sont réunies la forme du corps, celle de la vie, les formes sensible,
animale, enfin la forme humaine. C'est dans ces formes qu'il plaçait les
universaux… Il prétendait donc que l'universel est en quelque manière hors
de l'esprit et dans les individus; qu'il appartient à l'essence des substances
particulières; qu'il s'en distingue non pas réellement mais formellement.
Tout ce qui est supérieur, ajoutait-il, est de l'essence de l'inférieur; l'universel est donc de l'essence de la substance; il est donc une substance (1). »

Toutes ces citations nous semblent prouver clairement que, malgré les
modifications introduites par les scolastiques, le réalisme rigoureux, tel
qu'il avait été formulé par S. Anselme et Guillaume de Champeaux, n'a
jamais cessé d'être enseigné, pour ce qui en constitue le fond, pendant toute
l'époque du moyen âge.

Une autre remarque qu'il faut placer ici, et qui se rattache à l'histoire
extérieure du nominalisme et du réalisme, c'est que le nominalisme, chaque
fois qu'il a reparu sur la scène, s'est montré, dès son début, querelleur,
vaniteux, remuant et s'attirant la réprobation générale par ses tendances
funestes en matière de religion. Sans doute, le nominalisme, renfermé dans
les limites de la nature, n'est pas par lui-même contraire à l'enseignement
religieux, et il ne serait pas difficile de nommer bien des nominalistes,
surtout à la seconde époque de son apparition, qui se sont rendus très-
recommandables par leur orthodoxie. Mais son premier auteur en avait
déjà forcé les conséquences jusqu'à en tirer des conclusions formellement
hérétiques; et son restaurateur, Occam, bien qu'il ne conste pas qu'il soit
tombé dans l'hérésie, s'est signalé de la manière la plus défavorable par
son opposition systématique et ses attaques furibondes contre le pouvoir de
l'Eglise. Au contraire les réalistes se sont généralement montrés les défenseurs les plus fidèles de l'orthodoxie chrétienne; et il n'est pas douteux que
ce ne soit là une des principales raisons pourquoi dans ces siècles de foi le
réalisme, qui ne renferme aucune conséquence hétérodoxe, a obtenu les
suffrages de la généralité des hommes studieux.

Il est néanmoins vrai que, dans les siècles postérieurs et de nos jours,
on a reproché au réalisme d'avoir produit ou au moins favorisé les plus
monstrueuses erreurs, telles que le panthéisme, le monopsychisme et plus
tard l'hérésie de Wiclef et de Jérome de Prague; erreurs dont la première
se serait appuyée sur le principe du réalisme pour soutenir l'identité sub-

(1) Voyez l'abrégé de la philosophie de Duns Scot par Boivin, Paris 1690 in-8°, p.
86 à 101. — *Logica Occami*, part. 1er, cap. 16 (Note de Degerando).

dessus de tous les genres (1). Avec le même S. Thomas ils enseignaient que Dieu n'est nullement l'essence des êtres créés (2), et qu'il n'entre aucunement dans la composition de ces êtres, qu'il ne constitue ni leur forme ni leur matière première, comme l'avaient rêvé Amaury de Chartres et David de Dinant (3). Ils étaient donc éloignés du panthéisme de toute la distance qu'ils reconnaissaient entre l'essence divine et celle des êtres créés.

Le monopsychisme est l'opinion qu'il n'y a qu'une âme qui subsiste réellement et que toutes les âmes individuelles n'en sont que des modifications passagères (4); cette opinion a été répandue au moyen âge à la suite du panthéisme (5), dont elle est une véritable conséquence. Aussi voyons-nous

(1) « Deus non est in aliquo genere, sed est extra omne genus. » S. Thom. *Summa Theol.* p. 1, q. 3, art. 5 et 6. « Prima natura non est in genere. » J. Duns Scot. *De primo omnium rerum principio*, cap. 4; item Sent. I, dist. 2, q. 2-3; dist. 8, q. 1, et *Quæst. reportatæ*, dist. 8, q. 5. Cf. Tennemann, *Gesch. der Phil.* VIII, 769.

(2) « Deus est in omnibus rebus, non quidem sicut pars essentiæ vel sicut accidens, sed sicut agens adest ei in quod agit. » *Ibid.* q. 8, art. 1.

(3) « Circa hoc fuerunt tres errores. Quidam enim posuerunt, quod Deus esset anima mundi... Alii autem dixerunt Deum esse principium formale omnium rerum; et hæc dicitur fuisse opinio Almarianorum. Tertius error fuit David de Dinando, qui stultissime posuit Deum esse materiam primam. » *Ibid.* q. 3, art. 8.

(4) C'est la définition donnée par Leibnitz, *Essais de Théodicée*, n. 7-9.

(5) C'est en 1270 qu'Etienne évêque de Paris condamna cette proposition : *Intellectus hominum est unus et idem numero.* Voir Du Boulay, Hist. Univ. Paris, tom. 3, p. 458. En 1513 le cinquième concile de Latran se trouva de nouveau obligé de condamner cette erreur inconcevable. A la 8e session, on lut la Bulle de Léon X, où il est dit. « Cum diebus nostris nonnulli ausi sint dicere de naturâ animæ rationalis, quod mortalis sit, aut unica in cunctis hominibus; et aliqui temere philosophantes, secundum saltem philosophiam, verum id esse asseverant; sacro approbante concilio damnamus et reprobamus omnes asserentes, animam intellectivam mortalem esse, aut unicam in cunctis hominibus, et hæc in dubium vertentes. Cum illa non solum verè et per se et essentialiter humani corporis forma existit, sicut in canone Clementis Papæ V in generali Viennensi concilio continetur, verum et immortalis, et pro corporum, in quibus infunditur, multitudine singulariter multiplicabilis et multiplicanda et multiplicata sit... » — Le premier parmi les chrétiens qu'on cite comme ayant enseigné cette erreur ou une doctrine analogue est un moine obscur de Corbie au IXe siècle, contre lequel Ratramne a écrit un traité que Mabillon (Part. II, sæc. IV benedictini) dit avoir lu. Ratramne y reproche à son adversaire de soutenir cette proposition : *quod omnis homo unus sit per substantiam, et omnis anima rationalis una sit anima per substantiam.* Ne pouvant guère prononcer sur la valeur d'une phrase isolée, sans connaître dans son ensemble la doctrine dont elle est détachée, nous ne savons si nous devons voir dans ce moine de Corbie un homme séduit par les spéculations alexandrines ou néoplatoniciennes, ou plutôt un précurseur du réalisme de S. Anselme, et nous doutons si ce saint docteur aurait reconnu comme légitime cette conséquence tirée par Ratramne : *Quod si ita est, sequitur ut non sit nisi unus homo et una anima*, bien qu'il n'eût pas hésité à souscrire aux mots ajoutés par le célèbre abbé de Corbie : *quod absurdissimum fore conspicit prudentia vestra.*

dans l'extrait de Jourdain rapporté ci-dessus qu'elle a été enseignée assez
clairement par David de Dinant. D'ailleurs Leibnitz constate positivement
comment elle dérive du panthéisme oriental, il appelle ses défenseurs Aver-
rhoïstes d'après le nom du philosophe arabe par les livres duquel elle a été
propagée en occident, et il cite un savant qui a demeuré de longues années
dans l'orient, M. Bernier (1) qui atteste que, de son temps, *c'était une opinion
presque universellement reçue chez les savants dans la Perse et dans les états
du grand Mogol* (2). Et quant au fond de la doctrine le réalisme est aussi loin
du monopsychisme qu'il est loin de prétendre que tous les individus humains
ne sont que des modifications passagères d'une même essence humaine ou que
tous les individus animaux ne sont que des modifications transitoires d'une
substance animale. Le réalisme reconnaît aussi positivement l'existence réelle
de l'individu que celle de l'universel ; la personne n'est à ses yeux ni moins
réelle ni moins permanente que la substance ou la nature commune aux
individus d'une même catégorie.

Enfin quelle que puisse être la prétention de Wiclef et de Jerôme de
Prague à s'appuyer sur le réalisme, le principe fondamental de leur erreur
concernant la sainte Eucharistie n'était point le réalisme, mais le panthéisme.
En effet Jerôme de Prague était disciple de Wiclef et celui-ci reconnaît
lui-même pour son maître Scot Erigène, dont le panthéisme est aussi clairement formulé que celui de Hegel et de Spinosa (3). D'un autre côté si
l'impossibilité de la transsubstantiation est une conséquence rigoureuse du
panthéisme, qui n'admet point de pluralité de substances, et par conséquent point de remplacement d'une substance par une autre substance,
on chercherait en vain un appui quelconque à cette hérésie dans le réalisme, qui reconnaît explicitement autant de substances au moins que d'espèces d'êtres substantiels.

Il reste donc constant que le réalisme n'est aucunement responsable des
erreurs qui ont voulu s'abriter derrière lui.

De tout ce que nous avons vu jusqu'à présent il résulte évidemment que,
pendant toute l'époque de la philosophie scolastique où la question des
universaux a été constamment agitée, on a donné à ce problème les solutions les plus disparates, et que le réalisme sous ses différentes formes a
presque exclusivement dominé dans les écoles, jusqu'au moment où Occam
est parvenu par ses efforts et par ceux de ses disciples à lui faire partager
son empire avec le nominalisme. Dans la suite de ce travail nous allons examiner la valeur des preuves sur lesquelles ces systèmes furent étayés à cette
époque, et par quelle voie on peut espérer d'arriver à une solution fondée.

(1) Voir sur ce savant M. Danielo, *Histoire et tableau de l'univers*, tom. 2, p. 240-280.
(2) Leibnitz, loco cit.
(3) Voyez le savant ouvrage de M. le prof. N. Moeller, *Johannes Scotus Erigena
und seine Irrthümer*. Voir la *Revue catholique*, t. 2, p. 525 et 631.

IIᵉ PARTIE.

Dans cette seconde partie de mon travail, je me propose d'exposer brièvement en trois paragraphes distincts : 1° la méthode employée au moyen
âge pour résoudre le problème qui nous occupe, 2° la méthode qu'il con-
vient de suivre, 3° le résultat auquel elle conduit et qu'on peut regarder
comme acquis à la science.

§ I.

De la méthode employée au moyen âge pour résoudre le problème des
universaux.

Nous ne connaissons pas les preuves positives dont se servaient les pre-
miers chefs du nominalisme et du réalisme pour soutenir leurs systèmes.
Les documents contemporains qui nous en restent sont muets à cet égard.
Nous voyons seulement par un passage que nous avons cité (page 5) que
S. Anselme attribue le droit de décider la question à la raison, tandis qu'il
reproche à Roscelin de ne s'appuyer que sur le témoignage des sens.

Mais depuis Abailard cette disette d'arguments fait place à une telle abon-
dance que nous croyons que peu de personnes voudraient en entendre l'exposé.

Ces arguments étaient de deux sortes. Les uns, fondés sur l'autorité,
consistaient à citer des sentences plutôt que des preuves avancées par Platon,
Aristote, Porphyre, Boëce, etc., et à les interpréter de manière que ces
philosophes parussent s'accorder entre eux et soutenir en même temps les
divers systèmes pour lesquels on les invoquait. Jean de Salisbury, qui avait
particulièrement remarqué ce procédé chez Bernard de Chartres et ses partisans, les plaisante spirituellement sur les peines qu'ils se donnent pour
réconcilier après leur mort ceux qui n'ont jamais voulu s'entendre pendant
leur vie (1).

Les autres arguments étaient des preuves tirées du témoignage des sens
ou purement dialectiques puisées dans les conceptions de l'entendement,
des combinaisons d'idées, des points de vue de l'esprit, des subtilités logiques, preuves très-propres, il est vrai, à montrer ce qu'on peu concevoir
comme possible, mais tout-à-fait impuissantes pour assurer ce qui existe
en réalité.

Puisqu'il serait impossible de reproduire ici tous ces jeux d'esprit, nous
nous bornerons à exposer, ce qui est vraiment important, la méthode

---

(1) « Egerunt operosius Bernardus Carnotensis et ejus sectatores, ut componerent
inter Aristotelem et Platonem ; sed eos tarde venisse arbitror, et laborasse in vanum,
ut reconciliarent mortuos, qui, quamdiu in vita licuit, dissenserunt. » *Metalog.* ii, 17.

suivie dans ces disputes, puisque les arguments particuliers n'étaient que les mille manières de l'appliquer. Les preuves que nous mêlons à cet exposé serviront uniquement à faire voir l'application de la méthode, à la montrer en action.

Or, à commencer par Abailard, presque tous ceux qui se sont occupés de la question de l'existence ou de la non existence réelle des universaux, ont prétendu qu'on pouvait et qu'on devait d'une manière directe examiner leur essence, pénétrer dans les profondeurs de leur nature, et voir ainsi ce qui en est, en quoi elle consiste. Les uns soutenaient que c'est aux sens extérieurs, les autres que c'est à la raison pure, à la spéculation dialectique de découvrir directement la vérité du grand problème.

Les premiers nominalistes, s'appuyant spécialement sur le témoignage des sens : c'est à l'aide de nos organes, disaient-ils, qu'il faut trouver la vérité, c'est par les sens externes qu'on doit examiner la nature des êtres. Or les sens ne reconnaissent que des individus; l'universel on ne peut ni le voir, ni l'entendre, ni le saisir par aucun autre sens; l'universel n'est donc qu'un être imaginaire et chimérique, qui n'existe que dans l'entendement qui l'a créé, il n'a aucune existence réelle.

Les nominalistes postérieurs et les réalistes des différentes nuances prétendaient que la raison, la raison pure, la raison dialectique était seul compétente pour prononcer sur cette question, puisque ce n'est pas par les sens, mais uniquement par la raison que l'on peut voir la vérité.

Outre mille subtilités qu'il serait fastidieux de mentionner, les nominaux se servaient avec un certain succès du raisonnement suivant : La formation des genres et des espèces, ou des universaux n'est qu'un acte de notre entendement, qui, par sa puissance d'abstraire et de généraliser, réunit les caractères semblables mais multiples d'une foule d'individus dans un seul concept et les exprime par un seul mot; il y a donc dans les êtres individuels des caractères qui se ressemblent, des essences pareilles; mais ces essences sont aussi multiples que les individus. L'unité que l'esprit conçoit entre elles n'est que factice et purement subjective, n'existe que dans notre esprit, n'est qu'un produit de notre entendement. Et celui-ci sait trop bien comment il a créé cette unité, pour pouvoir prendre le change; il sait trop bien qu'il n'a vu hors de lui les choses et leurs qualités qu'une à une, et qu'il n'a fait que réunir et généraliser ces différentes unités, mais que des unités réunies ne font pas un, mais plusieurs.

Les réalistes au contraire faisaient entre autres le raisonnement suivant : Le jugement de la vérité appartient à la raison. Nier ce principe, c'est donner dans le scepticisme. Donc ce que la raison conçoit est. Or qu'est-ce qu'on conçoit plus clairement qu'une substance, une essence universelle qui partout une et identique en elle-même se modifie diversement selon les différentes individualités dans lesquelles elle réside, de la même façon, par exemple, que la même âme se trouve toute entière dans tout le corps de l'homme et toute entière dans chacune de ses parties, ou comme la même vie anime tous les organes d'un même corps animal, mais en exerçant des fonctions diverses d'après la diversité des organes qu'elle emploie. Comme la même vie digère par l'estomac, respire par les poumons et nourrit l'organisme par l'assimilation, ainsi l'on conçoit comment la même essence produit des mouvemens et des effets différens dans les différens individus, sans qu'elle cesse d'être une et identique en elle-même. En un mot, on la conçoit une, donc elle est une ; car ce qui se conçoit est.

Une autre preuve incontestable que fournit la raison de la réalité des universaux, continuaient-ils, c'est que l'on trouve dans tous les individus d'une même espèce ou d'un même genre quelque chose de commun. Or rien n'est commun qu'autant que plusieurs y participent, c'est-à-dire, qu'autant qu'un et identique en lui-même il est communiqué à plusieurs qui le possèdent par indivis. Or, encore une fois, les individus d'une espèce quelconque n'appartiennent tous à une même espèce que parce qu'ils ont une seule et même essence, ou que la même essence est commune à tous. Il est donc très-évident que l'universel existe bien réellement.

Mais de fait que prouvent ces raisonnemens opposés, et que peuvent nous apprendre le témoignage direct des sens et la raison pure sur l'existence ou la non existence de l'universel ? Très-peu de chose, assurément. Ils peuvent tout au plus nous apprendre que l'une et l'autre est concevable. Mais du fait si l'universel existe ou n'existe pas réellement, c'est ce dont ils sont incapables de nous donner la moindre garantie.

Et d'abord quelle est la portée du témoignage direct des sens ? Il peut nous faire connaître les phénomènes, les qualités extérieures des corps, leurs propriétés relatives à notre propre organisme ; mais la nature intime des corps aussi bien que celle des esprits leur échappe complétement ; ce qui constitue la substance, l'essence d'un être quelconque, il ne saurait le découvrir. Demander au témoignage direct des sens de nous révéler la nature de l'universel, de nous montrer qu'il existe ou n'existe pas, c'est demander à un aveugle-né de résoudre par lui-même les problèmes les plus difficiles que présente la science de la lumière et des couleurs ; de même que se borner à dire que les sens n'aperçoivent nulle part l'universel dans les individus, c'est comme si l'on disait que ni la vue ni le toucher ne découvrent nulle-part le son. S'ensuit-il que les couleurs et les sons n'existent point ? ne sont absolument rien ? — L'attestation directe des sens ne peut donc avoir dans cette question qu'une valeur purement négative.

Ensuite que prouve la raison pure, et en particulier l'argument des nominalistes concernant l'existence de l'universel ? Il nous apprend parfaitement quelle est la part de la logique dans cette question. Il nous montre de fait comment notre esprit procède en formant les notions ou les concepts des genres et des espèces. Il prouve que, puisqu'il y a *au moins* des élémens semblables dans les différens individus d'une même espèce, nos classifications des êtres ne sont ni ne doivent être purement arbitraires. Il prouve donc que notre esprit en généralisant ne se trompe pas, puisqu'il s'appuie sur ce que les individus ont de commun, n'importe que cette communauté consiste dans une véritable identité ou seulement dans une analogie. Mais là se borne toute sa force probative. Il ne prouve aucunement que les éléments communs à plusieurs individus soient simplement semblables ou qu'ils soient réellement identiques.

Mais si les raisonnemens des nominalistes ne prouvent point la non-identité des éléments communs à plusieurs individus, les raisonnements des réalistes ne prouvent pas non plus leur identité. En effet tout ce que prouvent les raisonnements de ces derniers, c'est 1° que, puisque tous les hommes reconnaissent outre les individus les espèces et les genres, et qu'ils regardent les genres et les espèces comme n'étant pas des conceptions purement arbitraires, mais comme des conceptions fondées sur ce qu'il y a de commun entre les individus, il faut admettre, que les individus d'un même genre ont en effet quelque chose de commun; mais de là il ne suit nullement que ce soit quelque chose d'identique; en n'admettant que des éléments semblables, on satisfait pleinement à ce qui suit des prémisses du raisonnement des réalistes.

Ces raisonnements prouvent encore 2° que le réalisme est très-concevable, que l'on peut concevoir un élément réellement un et rigoureusement identique au fond de tous les individus d'une même espèce ou d'un même genre. Mais de la supposition, que de cette possibilité de concevoir les universaux on dût conclure leur réalité, il s'ensuivrait des choses bien singulières et bien propres à déconcerter le réalisme outré que nous avons ici en vue. Nous indiquerons seulement deux conséquences qui résulteraient de cette supposition et qui la renversent complétement. La première est celle-ci : puisque nous pouvons concevoir autant d'universaux que nous pouvons trouver des points de ressemblance entre un individu quelconque et tous les autres individus quels qu'ils soient, il s'ensuivrait directement que le nombre des universaux réels serait vraisemblablement beaucoup plus grand que celui des individus; ce qui certes ne satisfait pas les réalistes unitaires. Aussi est-il connu que le restaurateur du nominalisme, Occam, a cru trouver un argument sans réplique dans ce principe, vrai en lui-même, mais dont il serait difficile de déterminer dans l'application les limites précises, savoir qu'*il ne faut pas multiplier les êtres sans nécessité* (1). L'appel à ce principe. de la part des nominaux, j'aime à le faire observer en passant, est une nouvelle preuve que le réalisme était foncièrement différent du panthéisme,

____

(1) *Frustra fit per plura quod fieri potest per pauciora.*

du système unitaire de l'identité réelle de tous les êtres.—La deuxième conséquence serait encore plus décourageante. Elle prouverait que Protée lui-même ne changeait pas autant de fois et si facilement de forme que l'universel du réalisme. En effet je puis concevoir une essence exclusivement propre à chaque individu, je puis aussi concevoir une essence commune à tous les individus d'une même variété, une à tous les individus d'une même race, une à tous les individus d'une même espèce, d'un même genre, d'une même famille, d'un même ordre, d'une même classe, d'un même règne; je puis aussi concevoir une essence commune à tous les êtres corporels, à tous les êtres créés, ou même à tous les êtres sans exception aucune; oui, je puis concevoir l'idée mère du réalisme panthéistique (1), comme je puis concevoir un réalisme modéré, et comme je puis concevoir le nominalisme. Donc, si je dois conclure de la conception à la réalité, comme le veulent ceux dont nous apprécions ici les arguments, il en résulterait à la fois la vérité de tous les systèmes réalistes et de tous les systèmes nominalistes, il en résulterait en particulier l'existence et la non existence du réalisme unitaire.

Cessons donc de suivre les errements de ceux qui regardent la possibilité de conception comme le suprème criterium du vrai et du faux. La conception, la logique formelle, la raison pure n'ont qu'une valeur purement négative à l'égard des problèmes de la réalité et de la certitude de l'existence, c'est-à-dire que ce qui lui est contraire n'existe pas, ne peut être réel; mais ce qui lui est conforme n'existe pas pour cela; autrement on devrait affirmer la vérité du pour et du contre sur des milliers de questions, puisque l'un et l'autre se conçoivent également.

Soyons donc un peu plus modestes, et renonçons à toutes ces prétentions ridicules à la connaissance absolue, au savoir immédiat et compréhensif. Reconnaissons d'une part que nos conceptions logiques seules ne peuvent aucunement être considérées comme la mesure du vrai, du réel, de l'existant, et d'autre part que la nature intime des êtres ne peut être vue ni saisie directement par l'homme ici bas. Elle échappe à toute perception immédiate, soit de la raison, soit des sens. Nous ne pouvons la voir en elle-même ni par voie d'intuition intellectuelle ni par la vue des yeux. Nous ne pouvons la connaître ni a priori ni par aucune expérience directe. Ce n'est ni la méthode logique ni la méthode purement empirique qui puissent nous apprendre ce qu'il faut en penser.

§ II.

De la méthode à employer dans la discussion de ce problème.

Une première réflexion à présenter ici, et qui se justifiera plus tard, c'est que le problème qui nous occupe se rattache directement aux sciences

___

(1) Mais non sans concevoir en même temps ce qu'elle implique de monstrueux et d'immoral, de contraire à la raison et à la nature de l'homme.

naturelles; s'il n'appartient pas expressément à l'histoire naturelle, du moins s'y lie-t-il d'une manière intime. Aussi est-ce sur ce terrain qu'il se trouve placé aujourd'hui.

Or, c'est un fait incontestable que depuis le moyen âge les sciences naturelles ont fait d'immenses progrès.

Un autre fait qu'aujourd'hui on ne sera guère tenté de contester, c'est que ces progrès sont dûs au changement de la méthode.

Au moyen âge les sciences naturelles restaient stationnaires, parce que, pour connaître la nature, on se servait de moyens peu propres à obtenir des résultats positifs et certains. Ces moyens étaient d'une part l'érudition, c'est-à-dire la citation textuelle des opinions des anciens, comme si leur génie avait été la mesure de la nature, et d'autre part la conception idéale qu'on prenait trop généralement pour l'essence même des choses, qu'on croyait de cette manière voir immédiatement.

Plus tard on a renoncé à faire des recherches directes sur les essences des êtres; on n'a plus cru pouvoir lire leur constitution intime dans nos conceptions a priori; mais on s'est appliqué à l'étude des faits, des phénomènes, des qualités relatives des êtres, des effets en un mot, et à remonter des effets, non immédiatement aux essences, mais aux causes qui les produisent, aux principes actifs dont ils dépendent. Ensuite on s'est astreint à ne se prononcer qu'avec réserve sur l'essence des causes, en ne leur attribuant que ce qu'il était absolument nécessaire de conclure des effets. C'est en suivant cette voie que les sciences sont parvenues à la perfection que nous admirons, et qu'elles pourront se perfectionner encore dans l'avenir; c'est en particulier par là qu'elles ont réussi à soulever un coin du voile qui couvre l'universel.

Cette méthode, qu'on peut appeler méthode d'observation, méthode empirique et rationnelle à la fois, méthode véritablement naturelle et raisonnable, puisqu'elle s'appuie en même temps sur la nature et la raison, cette méthode, dis-je, au lieu de vouloir pénétrer directement dans la nature intime des êtres et leur arracher leur secret par les intuitions immédiates de l'esprit ou des sens, se contente de remonter des effets sensibles aux causes qui les produisent, et de conclure de la nature des effets à celle de leurs causes.

Cette méthode n'est donc pas purement empirique, elle ne se borne pas à décrire et à exposer fidèlement les données des sens; mais elle s'appuie d'une part sur des faits bien observés, bien avérés, et d'autre part sur les principes immuables de la raison, et en particulier sur le *principe de causalité* (1),

---

(1) Qui oblige d'attribuer tout fait à une cause, et de reconnaître à cette cause telle nature que les faits indiquent ou qu'il est nécessaire d'admettre pour pouvoir expliquer les faits.

pour arriver par un raisonnement rigoureux aux conséquences qui résultent de l'étude de leur ensemble. C'est ainsi qu'en présence des faits elle s'élève à la considération de ce qui produit ces faits, bien décidée à ne se prononcer avec assurance sur la nature de ce producteur qu'autant que la nature des faits l'y oblige.

M. Buchez (1) s'attache à prouver longuement que ce changement de méthode, et par là le changement de l'objet même auquel se rapporte la question des universaux, est dû à S. Thomas d'Aquin, qu'il regarde pour cette raison comme le véritable auteur de la science moderne à cet égard.

Les raisonnements de M. Buchez sur ce point ne paraissent pas tout-à-fait clairs. Mais s'il est permis de reconnaître avec cet auteur que S. Thomas en abandonnant l'étude stérile des essences pour s'occuper de celle des effets, afin de remonter de là aux causes, a ainsi ouvert une nouvelle voie et proposé une nouvelle direction à l'activité humaine, il est cependant vrai que son exemple n'a pas été suivi de sitôt, que la nature de ses propres études ne lui a pas permis de mettre cette méthode très-souvent en pratique, et que, pour ce qui regarde le problème que nous examinons ici en particulier, le grand docteur ne l'a pas décidément résolu. En l'étudiant, on remarque bien qu'il s'est aperçu de ce qu'il y avait de défectueux dans l'enseignement de ses dévanciers et de ses contemporains sur ce point; mais nulle part il n'en donne une solution en rapport avec la méthode qu'il a indiquée plutôt par sa manière de discuter certaines questions, qu'enseignée expressément, ou pratiquée d'une manière constante et décidée.

En effet, soit qu'on s'arrête aux endroits où il parle des universaux comme en passant, soit qu'on examine les traités qu'il a rédigés *ex professo* sur ce sujet (2), on le voit tantôt se rapprocher du nominalisme, en affirmant que l'universel n'est que dans la pensée (3), tantôt il semble adhérer au réalisme de S. Anselme sur l'unité de la nature humaine (4), le plus souvent il nous paraît professer un réalisme plutôt dialectique que métaphysique (5). Le passage où il propose une vue vraiment nouvelle sur cette

(1) *Traité complet de philosophie*, etc., tom. I, liv. 2, § 19.

(2) Tels que les 55ᵉ et 56ᵉ de ses opuscules *de universalibus*, opp. tom. 17, édit. Antverp., 1612.

(3) « Universale fit per abstractionem a materia individuali, » 1, 2, q. 29, a. 6.

(4) « Omnes homines, qui nascuntur ex Adam, possunt considerari ut unus homo, inquantum conveniunt in natura, quam a primo parente accipiunt; secundum quod in civilibus omnes homines, qui sunt unius communitatis, reputantur quasi unum corpus, et tota communitas quasi unus homo; sicut etiam Porphyrius (*In prædicab. cat. de specie*) dicit, quod participatione speciei plures homines sunt unus homo. Sicut igitur multi homines ex Adam derivati sunt tanquam multa membra unius corporis, etc., » 1. 2, q. 81, a. 1.

(5) Tangitur duplex esse universalis, unum secundum quod est in rebus, aliud secundum quod est in anima. Et quantum ad istud esse quod est rationis, habet ra-

question est celui où, laissant de côté la question concernant la nature de l'unité ou de la communauté que l'on remarque entre tous les êtres, il conclut de cette unité, quelle qu'elle soit, à l'unité de leur auteur, en remontant des effets à leur cause, en prouvant que, puisqu'il y a quelque chose d'un, de commun, dans tous les êtres, il faut qu'ils relèvent tous d'une même cause, d'un même principe, qui les a tous conçus et réalisés d'après un même plan (1).

Quoi qu'il en soit de ce point historique, il est de fait que le problème des universaux, qui paraissait si usé et si abstrait qu'on ne le citait plus qu'avec un certain dédain, est devenu avec le changement de méthode une des questions les plus intéressantes de la philosophie naturelle. C'est la question de la classification artificielle ou de la classification naturelle des êtres vivans, et cette question se réduit elle-même à celle de la différence naturelle et constante des espèces.

« La science des universaux, dit avec raison M. Buchez (p. 528), est devenue ce que l'on pourrait appeler aujourd'hui la science des classifications ou de la nomenclature en histoire naturelle. »

En effet dans l'étude de l'histoire naturelle l'on peut distinguer deux méthodes, deux systèmes différens que M. Buchez définit ainsi (p. 529) : « On désigne aujourd'hui sous le nom de *méthode artificielle* tout système de classification où l'on se propose de dresser un catalogue arrangé seulement en vue d'une nomenclature, c'est-à-dire, de telle sorte, qu'un être étant donné, on en trouve facilement le nom et les propriétés. Pour atteindre ce résultat, il suffit de choisir plusieurs caractères saillants et évidents. Les différences tranchantes servent à établir les genres ; les moindres différences, à établir les espèces. » ... « On donne aujourd'hui le nom de *méthode naturelle*, continue-t-il, (p. 530-532), à un système de classification institué pour la première fois en botanique par Bernard de Jussieu, et que les zoologistes se sont empressés d'imiter. Là on se propose, non pas de dresser un simple catalogue, mais de classer les êtres selon *leurs rapports naturels ;* on ne tient

tionem prædicabilis ; quantum vero ad aliud esse, est quædam natura, et non est universale actu . sed potentia : quia potentia habet ut talis natura fiat universalis per actionem intellectus, et ideo dicit Boetius universale dum intelligitur, singulare dum sentitur. » *De universalibus*, opusc. 55.

(1) « Cum corporalia et omnia conveniant in *esse* , necesse est ut omnia effective in esse a Deo dependeant..... Si enim diversa in aliquo uniantur, necesse est hujus unionis causam esse aliquam ; non enim diversa secundum se uniuntur. Et inde est quod, quandocunque in diversis invenitur aliquid unum, oportet quod illa diversa illud unum ab aliqua una causa recipiant ; sicut si diversa corpora sint calida, habent calorem ab igne. Hoc autem, quod est esse, communiter invenitur in omnibus rebus quantumcunque diversis. Necesse est ergo esse unum essendi principium, a quo esse habeant quæcunque sunt quocunque modo, sive sint invisibilia et spiritualia, sive sint visibilia et corporalia. » P. I, q. 65, a. 1.

pas compte seulement, pour établir ces rapports, de quelques caractères saillans, mais de toutes les conditions d'existence, c'est-à-dire, de l'organisme tout entier, du mode de génération, des mœurs et des aptitudes ou propriétés..... L'idée de la possibilité d'une méthode naturelle est bien éloignée de celle qui n'admet comme possible qu'une méthode artificielle. Si l'on veut bien y réfléchir, on trouvera que de l'une à l'autre la différence est immense. Il y a toute celle qui peut exister entre les contraires les plus positifs, entre une négation et une affirmation. C'est là ce qui mérite d'abord notre attention. Que nie en principe la méthode artificielle? Qu'il y ait des genres et des espèces dans la nature; qu'il y ait une loi créée qui produise les genres et les espèces. Cette méthode est purement nominaliste. Or la méthode naturelle affirme le contraire par sa seule présence.

« Lorsque l'on se propose de chercher d'une manière expérimentale les rapports naturels entre les êtres, c'est-à-dire, quels sont les espèces et les genres naturels, on arrive rapidement et par un raisonnement très-simple à la question de la génération. En effet, c'est là que réside le problème de la conservation des espèces et des genres... Bernard de Jussieu et les naturalistes modernes ont fondé leurs définitions de l'espèce au point de vue de la successivité régulière manifestée par la génération. Les découvertes modernes ont donné à cette dernière base une solidité inattaquable. »

§ III.

Résultat de cette méthode.

D'après ce que nous venons de constater, c'est dans ce que l'observation nous apprend sur la génération des végétaux et des animaux que doit se trouver la solution du problème qui nous occupe, autant qu'il peut être résolu. Voyons donc ce que l'observation nous fait connaître à cet égard.

« La génération est en elle-même le plus grand mystère que nous offre l'économie vivante, dit l'illustre G. Cuvier, et l'on peut dire que sa nature intime est encore couverte des ténèbres les plus absolues. Aucune observation directe ne nous autorise à admettre la formation d'un corps vivant de toutes pièces, c'est-à-dire par la réunion de molécules rapprochées subitement.....

» La seule connaissance commune à toute génération, et par conséquent la seule essentielle, c'est que chaque corps vivant tient dans les premiers instans, où il commence d'être visible, à un corps plus grand, *de même espèce* que lui, dont il fait partie, et par les sucs duquel il se nourrit pendant un certain temps; c'est sa séparation de ce plus grand corps qui constitue la naissance (2). »

(2) *Anatomie comparée*, 29ᵉ leçon.

Cette dernière phrase est d'une exactitude et d'une portée extrêmement remarquables. Elle renferme entre autres corollaires les canons suivants, dont la vérité se constate directement et ne peut être niée par aucun naturaliste.

1° La prétendue génération équivoque et spontanée, prônée par la philosophie ancienne, ne s'appuie sur aucun fait bien constaté; bien plus, elle se trouve en contradiction avec tous les faits connus.

2° Les êtres de la même espèce peuvent par la génération se reproduire et se propager indéfiniment.

3° Il arrive parfois que des êtres du même genre, et d'espèces différentes mais très-voisines, donnent lieu à ce qu'on peut appeler une génération stérile, en produisant des êtres qui sont tout-à-fait incapables de se reproduire, ou qui après très-peu de générations finissent en s'éteignant complétement ou en retournant à l'une des deux espèces dont ils proviennent.

4° Des êtres d'espèces diverses et éloignées ne peuvent ensemble produire d'autres êtres; les êtres qui sont tellement éloignés les uns des autres qu'ils n'appartiennent pas strictement au même genre se trouvent naturellement et a fortiori dans la même impuissance.

5° Réciproquement, tous les êtres féconds, ou capables de produire indéfiniment des êtres vivants, sont de la même espèce entre eux et avec les êtres dont ils ont été engendrés (1).

6° La nature, loin de nous fournir quelque exemple d'une transformation d'espèces, d'un changement d'une espèce en une autre, soit par ascension soit par descente, nous montre partout la fixité la plus constante. La science moderne comparée aux observations des anciens, les momies égyptiennes de toutes sortes d'animaux, les caractères des animaux fossiles et même antédiluviens prouvent d'un commun accord cette loi de la nature (2).

(1) C'est pour cette raison que M. Buchez définit l'espèce de la manière suivante : « L'*espèce* est constituée par une différence qui se conserve indéfiniment par voie de génération, quelle que soit la variété des milieux, et qui est incommunicable (*Traité complet de philos.* t. 1, p. 551). » M. Forichon : « On appelle *espèces* en histoire naturelle les êtres qui se continuent dans le temps et l'espace, en produisant par la génération des individus qui leur ressemblent (*De l'unité de l'espèce humaine*, p. 34, Louvain 1844). » M. Maupied : « L'espèce est l'animal muni d'organes, réunis ou séparés, à l'aide desquels il peut se perpétuer dans le temps et dans l'espace, avec ses mêmes propriétés et qualités plus ou moins développées dans un certain *laxum*, ayant ses *maxima* et ses *minima* déterminés par les circonstances et les milieux, mais qui ne peuvent être dépassés sans que l'animal périsse (*Cours de physique sacrée*, 7e leçon, et *Revue cath.* t. 1, p. 413). »

Ces définitions s'accordent parfaitement avec celles données par De Candolle en botanique et M. Duméril le zoologiste. Voir M. Buchez, *loc. cit.* et Prichard, *Hist. nat. de l'homme*, t. 1, p. 10-102.

(2) Un savant très-distingué, après avoir rapporté les observations des naturalistes du premier ordre, s'exprime ainsi sur ce fait : « Il semble résulter bien positivement

7° Enfin, comme le dit Cuvier, chaque corps vivant tient dans les premiers instants à un corps plus grand dont il fait partie. Une branche de saule, l'œuf d'un oiseau, qui constitueront bientôt des individus végétaux ou animaux à part, vivent d'abord de la même vie que les êtres individuels dont ils proviennent.

Or, si telle est en effet la marche de la nature dans la propagation des êtres vivants, voici les conclusions les plus naturelles qui semblent en découler concernant le problème ontologique dont nous cherchons la solution.

1° Puisque la conservation des espèces est tellement naturelle et constante que des individus de la même espèce seuls peuvent se propager indéfiniment, et que, si des individus qui sont seulement du même genre peuvent parfois produire d'autres individus, ceux-ci ne sont pas capables de se reproduire indéfiniment, il doit y avoir une loi créée, une cause naturelle, une vitalité propre, une puissance séminale, une force génératrice, commune à tous les êtres d'une même espèce, qui ne sort pas des limites de l'espèce et qui la constitue.

2° Puisque la génération que l'on voit résulter parfois de l'union de deux êtres d'espèces différentes n'est cependant jamais qu'une génération stérile, comme nous l'avons remarqué, ce que nous venons de dire concernant la communauté entre les individus de la même espèce, n'est aucunement applicable au genre.

3° Puisque cette production anormale, et non susceptible de conservation, par des êtres de différentes espèces, mais appartenant au même genre, ne dépasse jamais les limites du genre, on n'est nullement autorisé à conclure qu'il y a un élément réel quelconque qui soit véritablement un et identique dans tous les êtres créés, ou seulement dans tous les individus d'un même règne de la nature. En effet, quand même on se croirait en droit de conclure du 2°, qu'il y a un élément commun à tous les êtres d'un même genre, ni les données de l'expérience ni les lois d'une analogie stricte et rigoureuse ne nous autoriseraient point à reconnaître de pareils éléments pour chaque degré que l'on distingue dans l'échelle des êtres créés, à savoir pour chaque famille, pour chaque ordre, pour chaque classe, pour chaque règne. Une pareille conclusion serait évidemment plus étendue que les prémisses.

4° Puisque l'observation expérimentale se borne nécessairement aux êtres créés, il s'ensuit que, quelque extension que l'on veuille donner à un élé-

de toutes les investigations qui ont été faites dans les différentes classes d'êtres organisés, qu'aucun hybride végétal ou animal ne peut se perpétuer en donnant naissance à une nouvelle race intermédiaire aux deux espèces dont il dérive. » J. C. Prichard, *Histoire natur. de l'homme, trad. par le docteur F. Roulin*, tom. I, p. 23. — Voir sur les momies égyptiennes et sur les observations géologiques ma *Théodicée*, n. 76-89, où j'indique les sources et les auteurs à consulter.

ment supposé un et commun aux êtres finis, on ne sera nullement en droit d'en conclure que cet élément est également commun à Dieu, ou qu'il est identique avec l'essence divine. Mais au contraire, comme d'après les plus simples et immuables principes du bon sens et de la raison, l'être infiniment parfait ne peut rien avoir de commun avec les êtres imparfaits, puisque toutes les perfections de l'infini sont infinies, et que tout ce qui appartient au fini est fini, on doit nécessairement conclure que Dieu est hors de toute espèce et de tout genre, que son être n'entre dans la composition d'aucune chose créée, que ses perfections ne sont communicables qu'en tant que, libre et tout puissant, il peut réaliser des êtres, non identiques ou égaux à lui, mais qui, conformes à ses idées, lui ressemblent plus ou moins imparfaitement.

Cette conclusion irrécusable se trouverait puissamment confirmée par l'exposé de la fausseté des principes et de l'absurdité des conséquences du réalisme panthéistique, si c'était ici le lieu d'en faire un examen détaillé (1).

5° Finalement nous nous croyons en droit de tirer de tout ce qui précède cette conclusion importante : Bien que dans les genres et au-dessus des genres il nous soit impossible de rien voir que des abstractions, il en est tout autrement des espèces. Les espèces sont naturelles, elles sont fixes et immuablement déterminées par le Créateur, elles sont dans un sens véritablement réaliste aussi réelles que les individus. Et par conséquent il y a quelque chose d'aussi réellement commun entre tous les individus d'une espèce qu'entre les différentes parties d'un même individu. D'où il suit que, dans chaque végétal ou animal, il faut distinguer outre les éléments individuels un élément spécifique aussi réel que les premiers, quoique la nature intime de cet élément, qui toutefois ne peut être rien de moléculaire, soit pour nous couverte des mêmes ténèbres que la génération elle-même, qui nous a conduit à reconnaître sa réalité.

C'est ainsi que nous croyons être parvenus, non à créer une nouvelle opinion sur la nature des universaux, mais à donner à la théorie de S. Anselme la valeur d'une vérité aussi bien assurée que l'état actuel des sciences naturelles permet de connaître la nature des êtres vivants.

Avant de terminer, je crois devoir placer ici une observation importante. Dans tout mon travail, je n'ai eu en vue et je n'ai prouvé que ce qu'on peut appeler le *réalisme dans la nature*, parce que telle était en effet la question proposée par les grands chefs d'écoles dont j'ai tâché d'exposer les diverses théories. Mais cette question en rappelle naturellement une autre qui a tant de rapport avec la première qu'on les a très-souvent complétement confondues. C'est la question qu'on peut appeler celle du *réalisme des idées*, question non moins importante que la première, mais plus facile à

(1) Voir ma *Théodicée*, part. III.

résoudre, sans l'intervention de l'expérience, par les seuls principes d'une saine métaphysique. C'est la question de savoir : s'il existe des idées réelles indépendamment des choses et antérieurement à l'existence des choses, ce que sont ces idées, et où elles se trouvent.

Sans entrer dans aucun détail à l'égard de cette question que je ne fais qu'indiquer, je ferai seulement observer en passant sur les trois points que contient ce problème : 1° que le réalisme des idées a été beaucoup plus anciennement et beaucoup plus généralement adopté que le réalisme dans la nature. Tous les disciples fidèles de Platon et presque tous les grands écrivains chrétiens ont explicitement professé cette doctrine depuis S. Augustin, pendant tout le moyen-âge, et jusqu'à nos jours. 2° Ces idées sont les types éternels des êtres, les modèles incréés des choses, le plan divin des existences, que S. Thomas d'Aquin nous explique, quand il dit que Dieu se connaît non-seulement en tant qu'existant, mais aussi en tant qu'imitable, c'est-à-dire qu'il connaît ses perfections non-seulement en tant qu'il les possède, mais aussi en tant qu'elles peuvent être modèles et archetypes des choses que sa toute-puissante volonté peut réaliser dans le temps à leur imitation. D'où il suit que les idées sont la représentation que Dieu a de ses propres perfections en tant qu'elles subsistent en elles-mêmes et en tant qu'elles constituent en même temps la cause exemplaire, le prototype du monde; et sous ce rapport, elles sont la *vérité* que tous les métaphysiciens reconnaissent aux choses créées antérieurement à leur existence. 3° Ces idées ont leur subsistance réelle dans l'entendement divin, ou plutôt elles constituent l'entendement divin, qui ne saurait être autre chose que la connaissance éternelle et parfaite que Dieu a de lui-même, c'est-à-dire de ses perfections connues par lui de toutes les manières dont il est possible de les connaître.

Nier la réalité de ces idées, c'est dire à la fois que Dieu ne se connaît point, et que le monde a été fait par hasard, sans plan et sans dessein, par une force aveugle. Cela suffit abondamment pour prouver leur existence (1).

IIIe PARTIE.

De l'intervention de l'église dans la solution de ce problème.

En examinant de près le problème ontologique des universaux, on voit que de lui-même et autant qu'il puisse se résoudre à l'aide d'observations certaines, il est en dehors des dogmes religieux et n'a point de contact ou de rapport direct avec la foi. On voit en même temps, ce que l'histoire nous

---

(1) Nous ne toucherons pas ici une autre question liée à celle que nous venons de mentionner, concernant la nature de nos idées. Nous nous en occuperons probablement dans un autre travail.

apprend d'ailleurs, et même trop clairement pour l'honneur de la philosophie, que, si ce problème est traité par des hommes qui, au lieu de se ren-
fermer dans ce qu'on peut prouver par des principes sûrs, le discutent et
l'expliquent au gré de leur imagination, en donnant de simples conceptions
pour des réalités incontestables, l'on peut, sous prétexte de ne faire que de
la philosophie, attaquer, au nom de ce problème, les plus sublimes mystères
de la foi, et même la première de toutes les vérités, l'existence d'un Dieu
infiniment parfait.

Il suit de là que l'Eglise n'est pas directement intéressée dans cette question, et, qu'aussi longtemps qu'on reste dans les limites éclairées par l'expérience et la lumière naturelle de la raison, elle n'aura à se plaindre
d'aucun empiétement, d'aucune invasion sur son propre domaine. Il s'ensuit
aussi que, si outrepassant ces limites on prétendait pouvoir hardiment
affirmer comme réel tout ce dont on peut se former une conception, et que
partant de ce principe on niât ouvertement ou implicitement les vérités
révélées, l'on heurterait, contre tout droit, l'église là où elle est sur son
propre terrain ; et par conséquent, si cette attaque pouvait avoir des suites
fâcheuses pour les enfants de l'Eglise, celle-ci serait obligée de se défendre
et de repousser l'injuste agresseur par tous les moyens que Dieu lui a
accordés pour se conserver.

Aussi telle est et telle a toujours été la conduite de l'Eglise à l'égard de la
philosophie, de la science, et en particulier à l'égard des défenseurs des
systèmes opposés sur le problème des universaux.

1° Certaine que la vérité des dogmes dont le dépôt lui est confié n'est pas
le produit de la raison humaine, et ne dépend pas des opinions des savants,
que cette vérité est éternelle et invariable, et que sa certitude est fondée sur
l'infaillible parole de J.-C., l'Eglise proclame sa doctrine sans avoir égard
si elle est en opposition ou d'accord avec les systèmes des savants et les
prétentions des philosophes. Chargée d'instruire et de guider dans la voie
du salut les savants aussi bien que les ignorants, l'Eglise ne demande pas aux
philosophes de lui apprendre comment elle doit entendre ce que Dieu lui a
révélé, ou comment elle pourrait faire agréer ses dogmes à ceux qui ne
veulent croire que ce qu'ils sont d'abord parvenus à comprendre ; mais elle
enseigne d'autorité, en vertu du pouvoir et de l'infaillibilité qu'elle a reçus
d'en haut, et sans s'inquiéter si son enseignement révoltera ou non la susceptibilité de ceux qui prétendent que l'homme ne doive jamais admettre
des dogmes incompréhensibles, et qui pour cette raison se scandalisent de
sa doctrine ou n'y voudraient voir que des symboles ou des emblèmes à
interpréter d'après leurs conceptions particulières.

2° Sachant qu'elle est appelée à instruire tous les peuples et tous les
individus, et que, bien que la vérité des dogmes soit indépendante des conceptions de l'esprit humain, les spéculations de la raison bien dirigées

peuvent cependant souvent donner des confirmations directes ou indirectes
de la doctrine révélée, maintefois très-utiles aux faibles et agréables à tous
les croyants, l'Eglise applaudit à tous ceux qui sans fausser les sciences humaines les font servir à la défense et à la consolidation de sa doctrine, sans
que pour cela elle se charge le moins du monde d'approuver directement
ce qui dans ces sciences ou dans ces spéculations serait purement profane ou
purement naturel.

3° Forte de son infaillibilité dans tout ce qui concerne le dogme et la
morale, et certaine que la vérité ne peut jamais être contraire à la vérité,
l'Eglise condamne d'erreur quiconque professe le contraire de ce qu'elle sait
être la vérité révélée, quel que puisse être le talent, l'érudition ou le génie
de celui qui le professe; et, si elle le croit nécessaire pour le bien du dé-
linquant ou du peuple fidèle, elle lui inflige les peines spirituelles qu'elle
juge convenables et dont le Sauveur lui a donné la plénitude du pouvoir.

Telles sont les règles de conduite que l'Eglise s'est prescrites à l'egard de
la science et de ceux qui s'en constituent à tort ou à raison les organes et les
représentants. Et ces règles, loin de prêter à la critique, prouvent la suprême
sagesse de l'esprit qui les a dictées. Aussi, quand on examinera la chose
avec attention, on trouvera que l'Eglise ne s'en est jamais écartée, et que par
conséquent les reproches qu'on lui adresse à ce sujet se dissipent devant un
examen sérieux et impartial.

En effet que lui reproche-t-on particulièrement à l'égard de sa conduite
envers les défenseurs des différents systèmes sur le problème qui est l'objet
de cette dissertation ?

On lui reproche 1° de ne pas avoir su profiter des lumières des philosophes et spécialement des conceptions d'Abailard pour l'intelligence et l'interprétation de ses dogmes. 2° On lui reproche d'avoir exigé tyrannique-
ment par voie d'autorité la soumission des savants et l'abandon de leurs
convictions philosophiques ; d'avoir condamné les penseurs qui lui faisaient
ombrage, sans leur permettre de défendre leurs systèmes par le raisonnement, au lieu d'éclaircir ces questions métaphysiques par la discussion libre
au sein des conciles et par les explications que les philosophes en auraient
données. 3° On lui reproche d'avoir condamné Roscelin, Abailard, etc., parce
qu'ils avaient eu recours à une nouvelle méthode et qu'ils avaient simplement
revendiqué pour la raison le droit de raisonner ; de s'être jetée tantôt du
côté du réalisme et tantôt du côté du nominalisme, et d'avoir successivement
persécuté les représentants de ces systèmes opposés, tel que Roscelin, Abailard, Amaury de Chartres, etc. (1).

____

(1) Ces reproches se trouvent en partie dans l'*Histoire de la philosophie*, par Tennemann, tom. VIII, en allemand, en partie dans les *Etudes sur la philosophie au
moyen-âge*, par M. Rousselot, et en partie dans l'*Histoire générale de la civilisation
en Europe*, par M. Guizot, Leçon VI.

Sans nous arrêter à relever ce qu'il y a d'inconhérent dans ces divers reproches, nous les examinerons brièvement chacun en particulier.

Pour ce qui regarde le premier point, nous faisons remarquer que, si l'Eglise prétendait nous donner un enseignement purement humain, rationnel, philosophique, ou dont la certitude relève du savoir de l'homme, elle aurait tort de négliger les spéculations des philosophes et de ne pas s'adresser à eux, pour qu'ils daignent par leurs théories subtiles donner aux dogmes religieux un sens qui les fasse paraître comme intrinsèquement évidents ou comme des théorèmes scientifiques apodictiquement déduits des premiers principes de la raison spéculative, afin que de cette manière les fidèles, au lieu de croire sur l'infaillibilité de Dieu les mystères sans les comprendre, croient les voir et les savoir par la seule lumière de leur esprit individuel. Mais l'Eglise sait que la garantie de la vérité dont le dépôt et l'interprétation lui sont confiés n'est pas la conception humaine mais la parole divine, et par là elle sait aussi que ce n'est pas à elle de se plier au gré des systèmes philosophiques, mais que ce sont plutôt les philosophes qui, pour embrasser la vérité d'une manière complète, ont besoin de se soumettre à sa doctrine; doctrine qu'elle n'a pas inventée, mais qu'elle a reçue; doctrine qu'elle n'est pas chargée de prouver rationnellement, mais d'enseigner; doctrine qui doit rester immuable jusqu'à la consommation des siècles, tandis que les systèmes philosophiques sont variables et changent contradictoirement à chaque instant.

Il est donc inutile de parler de l'accueil que l'Eglise aurait dû faire au système d'Abailard. Lors même qu'Abailard aurait toujours été aussi orthodoxe, qu'en différentes circonstances il s'est montré opposé à la vérité révélée, ce serait toujours un beau titre de gloire pour l'Eglise de ne s'être jamais courbée devant le talent ou le génie de l'homme, elle qui reçoit la lumière du ciel, pour la communiquer pure et intacte à tous ses enfants, quel que puisse être le degré de leur aptitude intellectuelle.

Le deuxième reproche est également mal fondé. Si l'Eglise était une école de philosophie, ou si dans les conciles il s'agissait de systèmes purement rationnels, on conçoit pourquoi l'erreur y devrait être repoussée, non par voie d'autorité, mais par la voie de la discussion contradictoire. Mais comme l'Eglise n'a rien à apprendre des hommes, elle qui au contraire doit les enseigner tous, il serait absurde d'exiger qu'elle écoute, avant de condamner, les motifs rationnels sur lesquels s'appuient ceux qui professent ce qu'elle sait être des hérésies. Aussi, quand S. Bernard conseille de ne pas entrer en controverse avec Abailard sur sa doctrine, et quand S. Anselme donne à Fulcon, qui devait assister au concile de Soissons, *l'avis qu'on ne doit demander à Roscelin aucune raison de son erreur, ni lui en rendre aucune de la vérité que nous défendons*, il ne s'agit nullement du conceptualisme ou du nominalisme en eux-mêmes, mais uniquement de la foi divine exprimée dans les trois symboles de Nicée, de Constantinople et de S. Athanase. Le contexte des écrits des deux SS. Docteurs le prouve évidemment (1). Il en est de même du reproche que S. Anselme fait à Roscelin de persister dans l'erreur qu'il avait rétractée au concile, *in sua perseverantem sententia ;* ce n'est pas le nominalisme, comme le prétend M. Rousselot, mais le renversement du mystère de la Trinité au nom de son nominalisme qu'il lui impute à faute.

Quant au troisième reproche, c'est d'abord une grande légèreté de la part de M. Guizot que de ne voir dans les tendances de Roscelin et d'Abailard qu'un changement de méthode, en quelque sorte indifférent ou légitime, tandis que leurs efforts, s'ils n'avaient été arrêtés, auraient du évidemment avoir pour résultat de substituer en théologie à l'autorité de l'Eglise les spéculations philosophiques de la raison individuelle. Certes, accepter un tel changement, ce serait pour l'Eglise renoncer à toutes les prérogatives que son divin fondateur lui a accordées, et s'abdiquer elle-même pour devenir une école philosophique. Une méprise historique qui étonne davantage, surtout dans M. Guizot, c'est d'avancer que c'est la tendance que nous venons de signaler qui a provoqué la condamnation de ces hommes célèbres. Car les documents les plus authentiques font foi que ce sont les erreurs contre les dogmes expressément révélés, des hérésies proprement dites professées par ces philosophes que l'Eglise a été obligée de condamner.

Le concile de Compiègne a condamné en 1092 Roscelin le nominaliste, le concile de Soissons en 1121, le concile de Sens, et vingt ans plus tard le Pape Innocent II condamnèrent Abailard le conceptualiste, et le concile de Paris en 1209 condamna Amaury de Chartres qu'on représente comme réaliste. Mais ce ne sont ni le nominalisme, ni le conceptualisme, ni le réalisme qui furent condamnés ; ce n'est pas non plus à cause de leurs opinions sur l'existence ou la non existence réelle des universaux que ces défenseurs des systèmes opposés éprouvèrent la rigueur des sentences ecclésiastiques. Il est de fait que les nominaux aussi bien que les conceptualistes et les réalistes qui se renfermèrent dans les bornes de la science ne furent jamais inquiétés par l'Eglise.

Et il est aussi de fait que ce fut d'abord au nom du nominalisme et plus tard au nom du réalisme que des esprits turbulents et présomptueux attaquèrent les plus augustes mystères de la religion. Appliquant par le plus grand abus de la logique son raisonnement sur le fini à l'infini, sa conception

---

(1) « Si baptizatus est et inter christianos est nutritus, nullo modo audiendus est, nec ulla ratio aut sui erroris est ab illo exigenda, aut nostræ veritatis illi est exhibenda. Insipientissimum enim et infinitum est propter unumquemque non intelligentem, quod supra firmam petram solidissime fundatum est, in nutantium quæstionum vocare dubietatem. Fides enim nostra contra impios ratione defendenda est, non contra eos qui se christiani nominis honore gaudere fatentur. Ab his enim juste exigendum est, ut cautionem in baptismate factam inconcusse teneant ; illis vero rationabiliter ostendendum est, quam irrationabiliter nos contemnant. Nam christianus per fidem debet ad intellectum proficere, non per intellectum ad fidem accedere. » S. Anselmus, *Epist. ad Fulconem.*

des genres et des espèces à la nature divine, Roscelin renversa d'un seul coup le mystère de la Trinité et celui de l'Incarnation, et contraignit par là l'archevêque de Rheims d'assembler le concile qui l'obligea à se rétracter.

Abailard fut également condamné à cause des erreurs qu'il avait enseignées sur la Trinité, sur l'Incarnation, sur la Grâce, et sur d'autres points directement dogmatiques. Et lorsque cet homme, qui réunissait à de grands talents une vanité puérile, reconnut plus tard ses torts et les droits de l'Eglise, il commença à goûter, ce qu'il avait cherché en vain pendant presque toute sa vie dans les applaudissements du monde, la paix de l'âme.

Et qui mérita plus les anathèmes de l'Eglise qu'Amaury de Chartres avec ses adeptes? D'après le témoignage des auteurs contemporains, ces hérétiques ne nièrent pas seulement les principaux mystères de la foi, mais, dignes prédécesseurs des Saint-Simoniens, ils enseignaient et pratiquaient le panthéisme avec ses plus hideuses et ses plus immorales conséquences (1).

La preuve irréfragable que dans toutes ces condamnations il ne s'agissait ni du réalisme ni du nominalisme, mais des dogmes mêmes de la religion, qu'on renversait au nom de la philosophie et par de fausses applications de théories en quelque sorte indifférentes en elles-mêmes, cette preuve, dis-je, se trouve dans les actes des conciles et dans les écrits des défenseurs de la foi qui ont le plus contribué à la proscription de l'erreur et à la conservation de la vraie doctrine. Cette preuve se trouve en particulier dans les actes du concile de Constance, malgré les insipides et ignorantes plaisanteries de Voltaire sur l'interpellation du cardinal Cameracensius adressée à Jean Hus pour l'obliger à s'expliquer d'une manière intelligible : *Ponis-ne universalia a parte rei?* En effet, dans l'abjuration que Jérôme de Prague fit devant le concile et qu'il rétracta ensuite, il est expressément parlé des opinions réalistes que ce partisan de Hus avait professées; mais on n'y voit pas le moindre indice que le concile ait exigé de lui une approbation ou une désapprobation quelconque du réalisme, il s'est contenté du renoncement de ce sectaire aux fausses applications qu'il semblait avoir faites de ses principes pour expliquer l'auguste mystère de la Trinité (2).

(1) D'après César d'Heisterbach, ils enseignaient : « Si quis est in Spiritu S. et faciat » fornicationem aut aliqua alia pollutione polluatur, non est ei peccatum, quia ille » spiritus, qui est Deus, est in eo; ille operatur omnia in omnibus. » Suivant Rigord : « In hoc tempore dicebant tempus S. Spiritus incepisse... Charitatis virtutem sic am- » pliabant, ut id, quod alias peccatum esset, si in virtute charitatis fieret, dicerent, » jam non esse peccatum. Unde et stupra et adulteria et alias corporis voluptates in » charitatis nomine committebant, mulieribus, cum quibus peccabant, et simplicibus, » quos decipiebant, impunitatem peccati promittentes, Dominum tantummodo bonum » et non justum prædicantes. » Voir Du Boulay, *Hist. Univ. Paris.* tom. 3, p. 48.

(2) Voici un extrait de cette rétractation tiré des Actes du concile de Constance (*Acta conciliorum*, tom. VIII, p. 455, edit. Harduin.), qui montre en même temps quel était le réalisme de ce sectaire :

« Item ego Hieronymus antedictus, quia in nonnullis actibus scholasticis ad persua-

Si , abandonnant le point principal que nous venons d'éclaircir , on insistait pour récriminer contre la rigueur de la sentence qui a frappé quelques-uns des hérétiques que nous avons nommés et en particulier Amaury de Chartres avec ses partisans (1) : nous ferions remarquer que dans ces sortes de sentences il faut bien distinguer deux parties différentes , l'excommunication et la condamnation à la peine capitale. Or la première émanait du pouvoir religieux, la seconde du pouvoir civil et politique ; et bien que d'après nos idées modernes il nous soit difficile de justifier une politique qui condamne à mort pour des opinions philosophiques ou religieuses , on en jugerait peut-être autrement si l'on voulait considérer que, dans un état constitué comme l'était l'Europe du moyen âge, toute attaque au christianisme est par là même une attaque à la constitution et à la sûreté de l'état, et que le pouvoir politique, en tant que pouvoir politique, est en droit de repousser, parce qu'il a le droit de se conserver et le devoir de maintenir l'ordre et le repos public (2). Ce sont de pareilles considérations qui ont fait écrire à M. Rousselot lui-même, après avoir rapporté la sentence contre Amaury et les siens, les réflexions suivantes : « Cette doctrine philosophique, répandue par Amaury David de Dinant et d'autres, était une pensée métaphysique qui cherchait à se réaliser par les faits, et qui du pied des Alpes aux Pyrénées élevait un drapeau social, qu'une guerre de cinquante années suffit à peine à renverser momentanément. La société était

dendam opinionem de universalibus realibus , et quod una communis generis essentia esset homo , leo , bos, etc. quodque una essentia specificasset plura ejusdem speciei supposita et quodlibet eorum, ut Ambrosius, Hieronimus, Augustinus, et sic de singulis ; et ad hoc inducendum velut exemplo sensibili descripsi quamdam triangularem figuram , quam scutum fidei nominavi : ideo ad excludendum intellectum erroneum et scandalosum , quem fortassis aliqui ex hoc accipere potuerunt , dico, assero et declaro, quod dictam figuram non feci, nec eam nominavi scutum fidei eâ intentione, quod vellem dictam opinionem de universalibus extollere super opinionem contrariam , sic quasi esset scutum fidei, quod sine ejus positione non posset fides aut catholica veritas protegi et defendi, cum nec dictæ positioni velim pertinaciter adhærere : sed hoc ideo dixi, quia in dictæ figuræ triangularis descriptione ponebam exemplum , quod divina essentia est tria differentia supposita et quodlibet eorum , scilicet Pater et Filius et Spiritus Sanctus ; qui quidem Trinitatis articulus est præcipuum scutum fidei et veritatis catholicæ fundamentum. »

(1) Par un décret du concile de Paris de 1210 il fut ordonné que le corps d'Amaury serait extrait du cimetière et mis dans une terre non bénite, que huit prêtres ou clercs seraient dégradés et livrés au bras séculier , et que quatre autres seraient dégradés et emprisonnés pour le reste de leurs jours. M. Rousselot rapporte ce décret, t. 2, p. 111.

(2) Il n'est pas possible de traiter convenablement d'une manière incidente et comme en passant une question de cette nature. C'est pourquoi nous nous permettrons de renvoyer le lecteur aux articles insérés dans la *Revue catholique*, t. II , p. 374 et 593, et surtout l'ouvrage intitulé : *Le protestantisme comparé au catholicisme dans ses rapports avec la civilisation européenne, par M. l'abbé Jacques Balmes,* Paris 1844, 3 vol. in-8°.

alors dans une crise qui présageait l'avenir, et qui déjà mettait tout en question; il ne faut donc pas s'étonner si tous ceux qui se rattachaient à ce dangereux mouvement attiraient sur eux l'attention, et souvent un arrêt de mort; et même, si l'on veut être sincère, on reconnaîtra que le décret que nous venons de citer ne fut qu'un acte de défense. Le catholicisme, en effet, pouvait bien regarder la philosophie de David de Dinant comme une agression, quand les Vaudois et les Albigeois voulaient en appliquer les principes; voilà pourquoi le bûcher du marché des Innocents, où fûrent brulés trois ecclésiastiques et deux maîtres-ès-arts, est contemporain de ceux de Château-Minerve et de tous les lieux pris sur les Albigeois en 1210. J'insiste sur ces faits, parce qu'il ne suffit pas de constater les événements, il faut encore les expliquer quand ils peuvent donner lieu à des interprétations fausses et à des accusations sans fondement, comme cela est arrivé au sujet de ceux dont nous parlons maintenant. Ce n'est pas sans raison, comme on voit, qu'on prohibait une philosophie regardée comme le principe du mal qui travaillait alors le monde, et le décret de l'archevêque de Sens et de ses suffragants n'a rien qui doive étonner (1). »

Conclusion.

Nous croyons pouvoir nous arrêter ici et avoir rempli la tâche que nous nous étions imposée.

Le résumé historique renfermé dans la première partie de notre travail nous a montré la nature du problème des universaux et les points de contact qu'il a avec d'autres questions qui, pour avoir certaines analogies avec lui, n'en sont pas moins essentiellement différentes. La seconde partie nous a fait voir que le réalisme renfermé dans les limites des espèces, quoiqu'il n'ait pu être décidement prouvé au moyen âge, se trouve aujourd'hui autorisé par les données les plus positives fournies par l'histoire naturelle. Dans la troisième partie enfin nous avons vu que ni le réalisme, ni le nominalisme, ni le conceptualisme n'ont jamais été soit approuvés soit réprouvés par l'Eglise; que l'Eglise permet au philosophe de suivre à cet égard telle opinion qu'il juge à propos, pourvu qu'il ne l'expose point de telle manière qu'elle se trouve en opposition avec les dogmes chrétiens. L'Eglise accorde et a toujours accordé la plus entière liberté dans les opinions qui ne blessent pas le dogme ou la morale-révélés; elle ne se montre intolérante que pour l'erreur qui l'attaque dans son propre domaine, et dans tout ce qu'elle a fait par rapport au problème dont nous nous sommes occupés, elle n'a fait que d'user de son droit.

FIN.

(1) *Etudes sur la ph'il. du moyen âge*, tom. II, p. 112-113.

TABLE.

		Pages.
Introduction.		1
Ire Partie. Exposé historique		2
§ I. *Du Nominalisme*		3
§ I. *Du Réalisme.*		8
§ III. *Du conceptualisme*		13
§ IV. *Suite des trois systèmes exposés*		20
IIe Partie. Discussion.		
§ I. *De la méthode employée au moyen-âge pour résoudre le problème des universaux*		30
§ II. *De la méthode à employer dans la discussion de ce problème.*		35
§ III. *Résultat de cette méthode.*		38
IIIe Partie.		
De l'intervention de l'Eglise dans la solution de ce problème		42
Conclusion		49

www.ingramcontent.com/pod-product-compliance
Lightning Source LLC
LaVergne TN
LVHW021153200726
843510LV00001B/330